현장실무자를 위한
영업관리와 기술영업 비법

Sales *A to Z*
현장실무자를 위한 **영업관리와 기술영업 비법**

초판 1쇄 인쇄일	2024년 6월 12일
초판 1쇄 발행일	2024년 6월 20일

지은이	이창영 · 이주엽
펴낸이	최길주

펴낸곳	도서출판 BG북갤러리
등록일자	2003년 11월 5일(제318-2003-000130호)
주소	서울시 영등포구 국회대로72길 6, 405호(여의도동, 아크로폴리스)
전화	02)761-7005(代)
팩스	02)761-7995
홈페이지	http://www.bookgallery.co.kr
E-mail	cgjpower@hanmail.net

ⓒ 이창영 · 이주엽, 2024

ISBN 978-89-6495-298-6 03320

현장 실무자를 위한
영업관리와
기술영업 비법

이창영 · 이주엽 공저

BIG 북갤러리

"기술영업은 맡은 업무와 역할에 따라 전문성과 신의로 고객의 신뢰를 얻어 의사결정을 도와주는 직업이다"

"기술영업은 업무에 따라 배우처럼 자기가 맡은 역할에 의해 기술 전문성과 신의를 가지고 고객으로부터 신뢰를 얻어 고객의 의사결정을 도와주는 직업이다."

기술영업을 시작한 계기는 방송일에 빠져 김포에서 '대추나무 사랑 걸렸네'라는 TV 드라마 촬영 보조 일을 끝내고 친구와 술 한잔을 마셨던 계기에서 비롯되었다고 볼 수 있다. 그날 친구와 방송일이 힘들고 생활비도 안 된다고 불평을 하던 중 취중상태로 우연히 친구 따라 용산역 근처에 있던 '한국무역대리점협회'란 곳에 이력서를 제출한 것을 계기로 시작하게 되었다. 이때만 해도 한국무역대리점협회에서 추천한 외국계 회사에 입사해 짧은 시간 동안 생활비만 벌겠다는 생각으로 시작한 기술영업이 올해로 30년을 훌쩍 넘겨 천직이 되어버렸다. 세상에 그 많은 직업 중에 우연히 시작한 기술영업을 하면서 느낀 점은 고객들과 친밀한 관계 형성, 즉 고객을 이해하고 공감대를 형성하기란 우리가 책이나 드라마 같은 것에서 간접적으로 접하는 것보다 수십 배는 힘든 일이었다는 것이다.

기술영업은 업무에 따라 배우처럼 자기가 맡은 역할에 따라 기술 전문성과 신의를 가지고 고객으로부터 신뢰를 얻어 고객의 요구를 파악하고 고객의 의사결정을 도와주는 직업이라 할 수 있다. 지금도 지속해서 고객과 신뢰를 바탕으로 긍정적인 고객 관계 형성과 유지를 위해 여러 각도로 시도하며 어떻게 하면 보다 더 좋은 관계를 형성할 수 있는지 과제를 풀기 위해 노력하며 살아가고 있다.

이제는 기술영업을 천직이라 여기고 사랑하는 직업으로 자리를 잡았지만, 영업을 선택하고 방황하기도 하고 크고 작은 슬럼프 시기도 있었는데, 가장 큰 거시적인 요인으로 1997년 IMF 시기와 2007년도 찾아온 미국발 금융위기를 들 수 있을 것 같다. 이때는 시장의 최전방에서 선봉장이었던 기술영업인으로서 "백약이 무효하다."라는 말이 맞을 정도로 힘든 시기였던 기억이 있다. 그래도 부족하지만, 고객과의 친밀한 관계 형성으로 말미암아 많은 분들이 도와줘 최악의 상황을 헤쳐나갈 수 있었기에 지금도 고객분들께 항상 감사한 마음을 가지고 살아가고 있다.

이 글을 쓰고 있는 지금도 시장은 전과 별반 다르지 않게 어려운 상황으로 치닫고 있어 보인다. 경기순환은 매 3~4년을 주기로 확장기, 후퇴기, 수축기, 회복기를 갖는다고 알고 있는데, 지금의 시장 상황은 경기순환 논리로 설명하기란 거리가 있어 보인다. 그도 그럴 것이 거시적인 관점에서 우리나라를 비롯해 전 세계는 코로나 19에 의한 팬데믹 시국과 크고 작은 국제분쟁 등으로 인해 시장의 흐름이 미국을 필두로 신자유주의 정책에서 자국만을 위한 보호무역주의로 급격하게 회귀하면서 장기불황의 늪에 빠지고 있는 모양새이다.

이런 코로나 19 팬데믹 상황에서 전 세계는 달콤한 양적 완화 정책을 과감히 실행에 옮기면서 순기능 뒷면에 도사리고 있던 인플레이션, 즉 물가상승 등의 역기능의 쓴맛을 경험하고 있다. 이런 상황에서 미국을 비롯해 각국은 물가를 잡기 위해 급격한 금리 인상을 단행하면서 기업뿐만 아니라 자영업자를 비롯해 개인들 모두가 지금까지 경험해 보지 못한 장기간의 불황의 덫에 갇혀 있다. 물론 물가상승 및 불황은 작금 코로나 19 팬데믹만의 이슈는 아닌 여러 가지 현안들의 총집합체로 말미암아 발생하고 있다고 봐야 할 것이다. 그중에서 크고 작은 국제분쟁이 한몫하고 있으며 우리가 잘 알고 있는 러시아-우크라이나 전쟁으로 인해 전 세계 원자재공급망에 차질이 발생해 물가상승과 불황에 기름을 붓고 있는 상황으로 보인다.

이럴 때일수록 기업과 자영업자에겐 영업과 마케팅의 중요도는 아무리 강조해도 지나침이 없을 것이다. 그러기에 당사자들은 시장 상황만 탓하고 있을 수 없는 게 현실이다. 불황을 이겨내고 회사 성장을 위해 영업과 마케팅이 가장 중요하기에 어떤 영업과 마케팅전략을 실행하는가에 따라 기업과 가게의 생사와 성장의 갈림길에 서게 되는 것이다. 이제 영업은 회사 조직 내에서 누구나가 가져야 할 필수 자질이며, 기업들도 임원진들의 승진 시에 영업과 재정업무를 경험한 분들을 선호하는 추세라 고무적인 현상이라 여겨진다.

이 책은 경험을 바탕으로 기술영업 전문가들이 좋은 성과를 낼 수 있고 영업전략을 수립할 수 있게끔 기술영업 전문가들의 기본 소양과 자세 그리고 몸가짐 등을 설명하고, 목표 설정과 성과를 달성하기 위한 절차와 방법을 쉽게 설명하는 형식으로 썼기에 직업선택의 갈림길에 서 있는 취업준비생, 영업에 관심이 있고 영업을 이제 막 시작한 영업사원 그리고 현장에서 필자와 같은 고민과 슬럼프를 경험하고 있는 현직 기술영업 전문가들 그리고 경영자 모두에게 실질적인 도움이 되길 바란다.

이 책을 펴내는 데 박사과정 중에도 물심양면으로 도와준 가장 소중하고 사랑하는 아내 정경인 씨와 두 아들에게 고맙다는 말을 전하고 싶다. 끝으로 지금의 나를 있게 해준 고객분들과 지속적으로 이 책을 출간하게 도와주신 북갤러리 최길주 대표님께도 감사의 말을 전하는 바이다.

2024년 4월

파주 운정에서

이창영

| 머리말 | "기술영업은 맡은 업무와 역할에 따라 전문성과 신의로 고객의 신뢰를 얻어 의사결정을 도와주는 직업이다" _ 4

1장 기술영업의 의미와 정의 _ 13

1. 기술영업이란? _ 15
2. 기술영업과 일반영업은 어떻게 다른가? _ 18
3. 기술영업 전문가는 타고 나는가? _ 23
4. 영업과 마케팅의 차이는 무엇일까? _ 26
1장 요약정리 _ 31

2장 기술영업 전문가의 자세와 윤리 _ 35

1. 기술영업 전문가의 기본자세 _ 37
   • 단정한 외모와 깨끗한 복장을 하자 _ 38
   • 기술적 특징을 이해하고 전문성을 갖추자 _ 39
   • 커뮤니케이션 능력을 키우자 _ 40
   • 열정과 적극성을 가지자 _ 40
   • 협업을 통해 문제해결 능력을 키우자 _ 41
2. 기술영업 전문가의 예절 _ 42
   • 고객과의 만남은 명함 교환에서 시작한다 _ 43
   • 고객사 방문 시 회의실에서 어느 쪽에 앉아야 할까? _ 44
   • 고객 차에 탑승할 때 어느 쪽에 앉아야 할까? _ 45
   • 고객과 업무 및 식사 약속을 잡을 때 고려 사항 _ 46
3. 기술영업 전문가의 외모와 복장 _ 48
   • 키가 작은 체형의 복장 코디 방법 _ 50
   • 키가 큰 체형의 복장 코디 방법 _ 51

현장실무자를 위한 **영업관리와 기술영업 비법**

• 마른 체형의 복장 코디 방법 _ 52

• 뚱뚱한 체형의 복장 코디 방법 _ 53

4. 기술영업 전문가의 소품 _ 54

• 기술영업 전문가의 얼굴이라고 할 수 있는 '명함 케이스' _ 55

• 소품과 노트북을 담을 '가방' _ 55

• 고객에게 제품 설명과 회의 내용을 정리할 '노트북' _ 56

• 고객의 의견을 메모하고 계약서에 사인하기 위한 '펜' _ 56

• 고객에게 제품의 사양과 형태를 간접적으로 보여줄 수 있는 '카탈로그' _ 57

• 고객에게 제품을 직접 보여줄 수 있는 '제품 샘플' _ 58

5. 기술영업 전문가의 윤리 _ 59

• 진실성의 원칙이다 _ 59

• 공정성의 원칙이다 _ 60

• 투명성의 원칙이다 _ 61

• 책임 및 비밀유지의 원칙이다 _ 62

• 규정준수의 원칙이다 _ 64

2장 요약정리 _ 66

3장 기술영업 전문가의 자질과 역할 _ 71

1. 기술영업 전문가의 자질 _ 73

• 제품과 서비스에 대한 기술을 이해하고 설명할 수 있는 '전문성'을 키우자 _ 75

• 말 한마디에 천 냥 빚을 갚을 '커뮤니케이션 능력'을 키우자 _ 76

• '성실성'은 모든 일에 있어 최선의 길이다 _ 80

• 고객 중심 사고를 최우선으로 하여 '영업능력'을 키우자 _ 83

• 협업을 통해 '문제해결 능력'을 키우자 _ 84

2. 기술영업 전문가의 역할 _ 87

• 기술영업 전문가는 고객 발굴과 관리에 최선을 다하자 _ 87

• 시장을 이해하고 시장조사에 최선을 다하자 _ 88

• 고객을 위한 제안서 작성 제출 및 발표에 최선을 다하자 _ 90

• 기술영업 전문가는 계약체결인 성과로 말한다 _ 91

• '사후관리'도 중요한 영업의 일종, 기술영업 전문가의 역할이다 _ 94

3. 기술영업 전문가의 협상 능력 _ 95

• '협상'이란 무엇일까? _ 95

• 협상 준비는 협상 성공의 핵심이다 _ 97

• 사람과 문제를 분리해 협상하자 _ 101

• '요구'가 아닌 '욕구'를 파악해 협상하자 _ 102

• 상호 기대치를 충족시키는 협상을 하자 _ 103

• 'BATNA'를 만들어 협상하자 _ 105

• 먼저 가격제안을 할 것인가? _ 109

3장 요약정리 _ 112

4장 기술영업 전문가의 목표 설정하기 _ 117

1. 자기에게 맞는 목표 설정하기 _ 119

2. 해야 할 일과 하지 말아야 할 일을 구분하자 _ 123

• 전체 매출의 80%가 전체 고객의 20%로부터 발생한다 _ 123

• 중요도와 가능성이 있는 20%의 제안서에 우선 집중하자 _ 124

• 고객 방문과 상담에 우선하자 _ 125

• 고객 중심적으로 조직문화를 바꿔보자 _ 128

• 의욕과 열정은 전염된다 _ 131

• 주변 사람들을 배려하고 겸손하자 _ 132

• 허위 또는 과장된 정보를 제공하지 말자 _ 134

• 고객에게 구매를 강요하지 말자 _ 135

• 자사의 이익만을 추구하지 말자 _ 136

3. 동기부여와 보상도 함께 제시하자 _ 137

4장 요약정리 _ 143

5장 목표 달성을 위한 자세와 전략_147

1. **목표 달성을 위한 자세** _ 149
   • 고객 중심적인 사고를 하고, 할 수 있다는 자신감을 갖자 _ 149
   • 목표 달성을 위한 슬로건을 활용하자 _ 151
   • 기술영업 전문가는 기본에 충실하자 _ 152
   • 정보 수집과 시장조사에 집중하자 _ 154
   • 기술영업 전문가 자신의 장점을 파악하자 _ 154
   • 기술영업 전문가는 배우이다 _ 156
   • 일정한 업무 시간과 규칙을 만들자 _ 157
   • 목표 달성을 위해 건강관리를 하자 _ 159
   • 일할 때와 쉴 때를 구분하자 _ 161
   • 배움을 게을리하지 말자 _ 162
2. **고객사별 입찰방식과 절차를 파악하고 숙지하자** _ 164
3. **입찰 건마다 차별화 전략을 마련하자** _ 168

5장 요약정리 _ 172

6장 목표 달성을 위한 기술영업 비법_177

1. **고객과 친밀한 관계 형성을 최우선으로 하자** _ 179
   • 고객을 이해하고 소통하라 _ 181
   • 고객사의 최종 의사결정권을 가진 핵심 담당자들을 만나자 _ 184
   • 영업 도구를 활용하자 _ 186
   • 자기에게 맞게 고객관리를 하자 _ 188

2. 영업능력을 향상시키자 _ 190
- 자사 제품과 서비스의 특성을 고객사 사양서에 기재하자 _ 190
- 품질에 영향이 없는 고객사 요청사항을 빼 보자 _ 192
- 기술적인 문제나 문의 사항이 있을 때 나를 찾게 만들어라 _ 193
- 솔루션 영업을 통해 공급자에서 해결사로 차별화하자 _ 194
- 단품보다 패키지 영업으로 경쟁력을 높이자 _ 196
- 유지 보수를 통한 부품영업에 집중하자 _ 197
- 의사결정 능력을 키우자 _ 199

3. 기술영업은 혼자보다는 팀워크를 통한 팀 영업으로 한계를 이겨내자 _ 201

4. 성공사례와 실패사례에서 배워라 _ 205
- 기술영업은 쉼표와 마침표를 잘 찍어야 한다 _ 205
- '낮말'은 새가 듣고 '밤말'은 쥐가 듣는다 _ 206
- 선배 영업 전문가에게 배우자 _ 207
- 실패를 두려워하지 말자 _ 207
- 성공사례와 실패사례를 정리해 활용하자 _ 209

6장 요약정리 _ 211

7장 기술영업의 미래_ 217

- AI 시대에도 각광받을 기술영업 전문가 _ 219

| 맺음말 | **기술영업은 협상의 연속이며 인생의 일부이다** _ 222

1장

기술영업의
의미와 정의

1장 기술영업의 의미와 정의

1. 기술영업이란?

영업에 대한 인식은 일반적으로 취업을 앞둔 사람들뿐 아니라 많은
사람이 높은 성과 목표와 압박, 거절과 실패에 대한 부담감 등으로 직
업에 대한 로열티가 낮고 부정적인 것이 현실이라 여겨진다. 영업과
관련이 없거나 영업에 대한 경험이 없는 사람들이 보기에 영업은 대인
관계가 잦아 외향적인 성격에 잘 맞을 것 같고, 말을 잘하고, 음주 ·
가무에 능해야 할 것 같고, 실적에 대한 압박으로 힘든 직업군으로 인
식하는 것이 일반적인 고정관념일 것이다.

그러나 기술영업이나 일반영업도 분류에 따른 다양한 분야가 있을

수 있어 속단하기는 어렵지만, 결론적으로 말하자면 지금부터 설명하려 하는 기술영업은 필자가 30년 동안 현장을 경험한 결과로 실적부담은 조금 있지만, 외향적인 성격에 잘 맞거나 힘든 직업이란 이미지는 단연코 오해에서 각인된 잘못된 이미지라 생각한다. 왜냐하면 기업에서 어느 조직이나 조직원 누구나 중요하지 않을 수 없지만, 특히 영업은 현장에서 최전방 공격수로서 고객에게 제품을 판매하고 사후관리를 통한 고객관리까지 담당하며 기업을 존속시키는 가장 핵심적이고 중요한 위치이기 때문이다.

필자에게 다시 직업을 선택하라 한다면 당연히 기술영업을 선택할 것이며, 취업을 준비하는 이들에게도 당연히 전문직인 기술영업을 추천하는 바이다. 특히 기술영업은 다른 직업군에서 경험하지 못 하는 기술적인 지식에서부터 생산과 납품 그리고 사후관리까지 회사의 전반적인 업무 프로세스를 잘 알 수 있으며 일반 내근 직원보다는 합리적으로 시간 활용이 용이할 수 있다. 또한 자기 능력에 따라 성과에 대한 보상이 확실하다. 기술영업의 가장 큰 장점은 다양한 사람들을 만나게 돼 대인관계를 넓힐 수 있는데, 이는 곧 경험을 바탕으로 기업가정신을 발휘해 자기사업을 시작하는 사람들에게 큰 도움이 될 수 있다는 점이다.

기술영업에 대해 설명하기도 전에 현업경험을 바탕으로 서술하다 보니 잠시 자기도취에 빠져 사설이 길어진 점 양해 바란다.

일반적으로 기술영업은 회사에서 판매 및 공급하는 제품이나 서비스를 특별한 기술지식과 노하우 등 전문지식을 갖춘 기술영업 전문가나 조직을 통해 필요로 하는 고객사에 기술지원을 통해 제품과 서비스를 판매하고 사후관리 및 거래처, 즉 고객사를 관리하는 것을 의미한다.

기술영업은 소비재와 달라 B2C 영업[1]보다는 B2B 영업[2]과 B2G 영업[3]이 많은 편이며, 대표적인 영업군으로는 석유화학 플랜트나 건축 관련 기계류, 생명을 다루는 제품생산에 필요한 제약 관련 장비, 병원 관련 의료기기와 시스템, 자동차나 선박 관련 기계와 장비류, 반도체와 컴퓨터 관련 기계 및 솔루션, 우주선 및 항공 관련 기계와 시스템 등 고객의 니즈를 파악하고 전문적인 기술지원을 제공해 제품과 솔루션 등을 판매하는 것으로, 기술영업 분야는 무궁무진하고 다양하다고 할 수 있다.

---

[1] B2C 거래는 'Business to Customer'의 약자. 기업과 소비자 간의 거래로 기업이 소비자에게 물품 및 서비스 등을 판매하는 형태이며, 숫자 '2'는 'to'를 더 간편하게 문자로 표시하기 위해 발음이 같은 숫자를 사용한 것이다.

[2] B2B 거래는 'Business to Business'의 약자. 기업과 기업 간의 거래로 판매자도 구매자도 모두 기업이기에 물품이나 서비스 등 규모가 큰 편이다.

[3] B2G 거래는 'Business to Government'의 약자. 기업과 정부 간의 거래로 기업이 정부에게 물품 및 서비스 등을 판매하는 형태이다.

2. 기술영업과 일반영업은 어떻게 다른가?

기술영업이나 일반영업이나 고객으로부터 신뢰를 얻어, 고객의 의사결정을 도와주고 구매를 유도해 매출을 올리는 직접적인 마케팅 수단이란 공통점이 있지만, 주어진 제품과 서비스 등을 얼마나 더 기술적인 전문지식을 가지고 효과적으로 고객과 직접 접촉해 판매하느냐가 차이점이라 할 수 있을 것이다. 그러나 최근 시장흐름을 보면 고객의 요구는 다양화되고, 이에 따라 기술은 계속해서 발전하고 혁신을 거듭해 새로운 제품과 서비스에 대한 솔루션을 지속적으로 만들어내는 한편, IT 기술 등의 발달로 인해 고객 스스로가 필요한 정보를 쉽게 취득할 수 있는 시대에 살아가고 있다.

그러다 보니 일반영업이나 기술영업의 모든 담당자가 기본적인 업무뿐만 아니라 해야 할 업무는 더 복잡해지고 상품 및 서비스의 기능과 가격 면에서도 다른 회사와 차별화하는 것이 더 어려워지고 있어 유능하고 높은 실적을 내는 기술영업 전문가들이 더욱 필요한 때라 여겨진다.

유능하고 높은 실적을 내는 기술영업 전문가들은 우선 기본에 충실하면서 자기가 맡은 업무를 숙지하고 잘 처리하는 것이 기본이며, 내부적으론 기술영업 전문가는 방대한 전문지식을 갖고 관련 부서 및 담당자들과 조정과 협업을 해야 한다. 또한 외부적으론 다양한 고객들이 원하는 것에 대해 정보를 수집하고 가장 적절한 해결책과 솔루션을 제시, 고객의 의사결정을 도와줄 수 있어야 한다.

일반적인 영업의 업무와 영역은 다음과 같이 정리할 수 있다.

일반영업은 B2B와 B2G 그리고 B2C 모두 해당할 수 있으나 주 고객은 B2C 사업 쪽에 해당할 수 있으며, 우리가 알고 있는 보험영업이나 건강보조식품, 화장품, 기타 소비재 등이 해당한다. 후방 지원부서인 광고와 홍보 등을 담당하는 마케팅팀 역할이 가장 중요하다고 볼 수 있으나, 그래도 최일선에서 고객과 직접적인 영업을 담당하는 영업 전문가의 업무가 막중하다고 할 수 있다.

일반영업 전문가의 업무는 회사마다 약간 다를 수 있으나 일반적인 업무 프로세스는 다음 〈그림 1.1〉과 같다고 보면 될 듯하다.

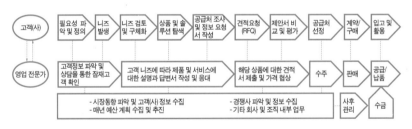

〈그림 1.1〉 **일반영업 전문가의 일반적인 업무 프로세스**

- 주기적으로 고객에게 연락이나 방문을 통해 고객의 요구와 니즈를 주기적으로 파악

- 주기적으로 고객에게 연락이나 방문을 통해 고객정보 파악 및 상담

- 고객 니즈에 따라 제품 및 서비스 등을 제안 및 견적

- 영업을 통해 받은 계약 및 수주 처리
- 제품 및 서비스 등을 생산 지시 및 진행 상황을 파악해 납기관리
- 출하 지시 및 납품 업무
- 납품 후 수금업무
- 제품 및 서비스 등의 품질 및 사용에 따른 문제 등을 파악하는 사후 관리
- 경쟁사 정보와 고객 및 시장 동향 파악 및 보고
- 매년 예산 계획 수립 및 추진
- 기타 회사 및 조직 내부업무

기술적인 영업의 업무와 영역은 다음과 같이 정리할 수 있다.

기술영업은 B2B와 B2G 사업 쪽에 해당할 수 있으며, 우리가 잘 모를 수 있는 석유화학 플랜트나 건축 관련 기계류, 제약 관련 장비, 병원 관련 의료기기 및 시스템, 자동차나 선박 관련 기계와 장비, 반도체와 컴퓨터 관련 기계 및 솔루션, 우주선 및 항공 관련 기계류 등이 해당하며, 후방 지원부서인 광고와 홍보 등을 담당하는 마케팅팀 역할보다는 일반적으로 계약 규모가 큰 경우가 많다 보니 기술적으로 전문적인 기술지식을 갖춘 기술영업 전문가와 회사 내 기술팀의 역할이 막중하다고 볼 수 있다.

기술영업 전문가의 업무는 회사마다 약간 다를 수 있으나 일반적인 업무 프로세스는 다음 〈그림 1.2〉와 같다고 보면 될 듯하다.

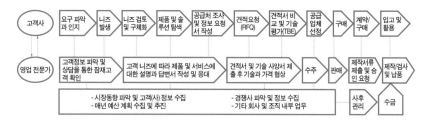

〈그림 1.2〉 기술영업 전문가의 일반적인 업무 프로세스

- 주기적으로 고객에게 연락이나 방문을 통해 고객의 요구와 니즈 파악

- 주기적으로 고객에게 연락이나 방문을 통해 고객정보 파악 및 상담

- 고객사로부터 받은 제품 사양서[4] 검토

- 기술 상담 또는 프레젠테이션 수행

- 고객사 제품 사양 및 니즈에 따라 기술적인 제안 및 해당 제품 견적

- 입찰사로부터 받은 기술 사양서에 대해 기술적인 평가(Technical Bid Evaluation : TBE) 및 기술협의(Technical Clarification : TC)를 통해 기술적인 적합성 판단(몇 번이고 반복될 수 있음)

- TBE 및 TC를 통해서 기술적인 적합성 판단에 문제가 있거나 불확실성이 있을 경우 또는 신속하게 처리하기 위해 기술협의회의(Technical Clarification Meeting : TCM)를 통해 최종적으로 입

....

4) 사양서(Specification)는 기업이나 공공기관에서 특정 제품이나 서비스의 기술·기능·성능적 요구 사항을 명시한 문서이다.

찰사의 기술적인 적합성 평가

- 기술적인 평가 후 문제가 없는 입찰 업체들과 구매팀에서 상업적 평가(Commercial Bid Evaluation : CBE)를 실시해 경쟁력 있는 업체로 계약 및 수주 처리

- 발주를 받은 후 일반적으로 발주 전까지 진행했던 기술적인 평가 등 재확인 및 차후 진행 상황을 점검하기 위해 킥오프미팅(Kick-Off Meeting : KOM) 실시

- 발주 받은 제품 제작을 위한 제작 및 기술서류를 고객사에 제출해 검토 및 승인을 득함.

- 제작 및 기술서류를 고객사에 승인을 득하고 제품생산 지시 및 진행 상황을 파악해 납기관리

- 고객사 요청에 따라 제작된 제품에 대해 고객사와 품질 검수자를 제작 공장에 참관시켜 검사절차에 따라 해당 제품에 대해 문제없음을 승인받음.

- 검수 합격 후 출하 지시 및 납품 업무

- 납품 후 수금업무

- 납품 후 기술지원 및 제품의 품질 및 사용에 따른 문제 등을 파악해 처리하는 사후관리

- 경쟁사 정보와 고객 및 시장 동향 파악 및 보고

- 제품 개발과 연계된 지원 업무

- 매년 예산 계획 수립 및 추진

3. 기술영업 전문가는 타고 나는가?

일반적으로 영업 전문가는 대인관계가 잦아 외향적인 성격에 친화력이 있어야 하고, 말할 때는 청산유수로 말솜씨가 좋고, 음주·가무에 능해야 하므로 타고나야 하거나 성격에 맞아야 한다고 보는 것이 일반적이다. 왜냐하면 고객들을 대응하기 위해서는 예기치 못한 상황이나 돌발적인 사건이 벌어질 수 있어 임기응변, 상황 대처 능력, 노련한 화술이 있어야 하는데, 이는 배운다고 꼭 되는 것이 아니며 타고난 능력이 있어야 할 것이다.

그러나 필자의 현장경험으로는 소심하면서도 영업을 잘하는 분들을 많이 봐 왔고, 필자를 비롯해 내향적인 성격의 훌륭한 영업사원들도 심심치 않게 봐 왔기에 훌륭한 영업 전문가는 타고나거나 교육을 통해 만들어진다는 인식 차이는 쉽게 결론 내릴 문제는 아니다.

일례로 현업에 있을 때 외향적인 성격에 활발하면서 말도 잘하고 적극적인 기술영업 전문가가 있었는데 단품이나 작은 서비스 계약 건은 쉽게 수주하는 반면, 규모가 크거나 복잡한 제품, 서비스 계약 건은 그다지 큰 실적을 올리지 못하는 경우를 심심찮게 봐 왔다. 그러나 반대로 내향적인 성격에 말도 그리 많지 않지만, 적극적인 기술영업 전문가는 규모가 크거나 복잡한 제품, 서비스 등의 규모가 큰 계약 건에서 영업 성공률이 높은 것을 자주 봐 왔기에 개인적으로 영업 전문가는 타고 나거나 성격과는 큰 관계가 없다고 생각된다.

이런 고민으로 자료들을 찾다 보니 '영업 전문가는 타고 나는가?'란 고민은 필자만의 궁금증을 자극한 것은 아니었나 보다. 미국 퍼듀대학교의 코린 노벨(Corinne A. Novell) 교수팀이 2016년 8월 18일 JPSSM(Journal of Personal Selling and Sales Management)에 'Are good salespeople born or made? A new perspective on an age-old question : implicit theories of selling ability'란 제목으로 기재한 학술 내용을 살펴보면 흥미로운 해법을 제시하고 있다.

코린 노벨 교수팀은 이 논제를 연구하기 위해 암묵적 이론(Implicit Theory)과 사회적 인지 이론(Social-cognitive Model)을 이용해 연구를 했는데, 두 이론에 따르면 타고난 재능을 가진 사람들은 성과에 대한 능력을 입증하고자 실패할 수 있는 상황을 회피하는 모습을 보인 반면, 후천적인 재능을 확립한 사람들은 자신의 능력을 발전시킬 수 있는 학습 목표에 집중하면서 도전적인 기회를 찾는다는 것을 알게 됐다.

이런 연구 사례를 봤을 때 어디서나 타고난 존재는 있을 수 있으나 후천적인 재능을 확립한 사람들은 자신의 능력을 발전시킬 수 있는 학습 목표에 집중하면 도전적인 기회를 찾아 역량 강화를 도모할 수 있다는 것으로 봐야 할 것이다.

그러나 이런 연구결과는 선천적으로 타고난다는 믿음이 잘못됐거나 교육과 훈련으로 후천적인 재능을 높이라는 절대적인 논리는 아니라는 사실이다. 필자의 경험으로 봤을 때 중요한 사실은 선천적인 재능의 보유자들은 긍정적이고 칭찬하면서 업무 지시를 하고, 후천적인 재능의 사람들은 단도직입적으로 업무 지시를 하는 게 좋은 성과를 낼 수 있다고 본다.

또 다른 연구 사례 중 펜실베이니아대학교 와튼스쿨의 경영학 교수이자 세계적인 조직심리학자이기도 한 아담 그랜트(Adam Grant) 교수의 논문 'Rethinking the Extraverted Sales Ideal : The Ambivert Advantage(2013)'에서 외향적인 성격의 사람과 영업 성과에 관한 연구를 살펴볼 필요가 있어 보인다. 왜냐하면 아담 그랜트 교수의 연구에서도 영업과 관련하여 최소한 외향적인 사람들이 영업실적과 큰 상관관계가 없다고 밝혀졌기 때문이다. 아담 그랜트 교수는 콜센터를 운영하여 상품을 판매하는 소프트웨어 회사에서 자료를 수집했는데, 그의 연구결과에 의하면 '성격이 적극적이고 외향적인 성격이 영업을 잘할 것이다.'란 일반인들이 생각하고 있던 고정관념과 다르게 외향적인 사람이나 내향적인 사람이나 영업실적에 있어서 별 차이가 없었다는 점이다. 그런데 그의 연구에서 재미있는 것이 하나 있는데 외향성과 내향성 등 두 성향을 모두 가진 양향적인 성격의 사람들의 실적이 가장 높게 나왔다고 한다. 이는 중도적인 성향의 사람들이 어느 한쪽으로 치우쳐지지 않는 균형감을 가지고 있기 때문으로 판단된다고 논문은 설명하고 있다.

결론적으로 좋은 실적을 내는 영업 전문가는 내향적이거나 외향적인 성격의 문제나 선천적이거나 후천적이기보다는 자기 스스로 기본과 신뢰를 지키면서 잘할 수 있다는 신념과 잘할 수 있는 업무를 맡고 재능에 맞게 커뮤니케이션과 업무 지시를 받아야 좋은 실적을 내는 영업 전문가로 성장할 수 있다고 본다. 그리고 필자의 경험으론 그랜트교수의 연구에서도 살펴봤듯이 영업 전문가의 성격은 외향적이거나내향적인 것과 관계없이 현업에서는 양향 성격적인 모습으로 고객의요구와 니즈에 얼마나 많이 집중적으로 귀 기울이고 고객의 요구나 관점을 잘 이해하는가에 달려 있다고 본다.

4. 영업과 마케팅의 차이는 무엇일까?

일본 펌프 & 시스템회사 국내 지사에서 근무할 때 일본 본사에서수십 년간 유럽 시장 진출을 시도했으나 실패하자 유럽 시장 확대 및경쟁력 강화를 위해 유사업종의 독일 글로벌회사를 인수(M&A)한 적이 있었다. 독일회사 인수 후 일본 본사에서 원활한 기업통합을 위해독일 인수업체를 포함해 전 세계 담당자들을 초청해 '인수 합병 후 기업통합(Post-Merger Integration : PMI)'을 위한 전략회의를 개최

했을 때 필자를 초청한 적이 있었다. 한국지사 대표로 참석해 '상호 공감대 구축과 성장을 위한 시너지효과(Synergy Effect)'란 주제로 설명하는 과정에서 인수된 독일회사 대표로부터 한 가지 질문을 받고 당황한 적이 있었다. 그분의 질문은 "한국지사의 핵심 마케팅은 무엇인가?"로 단순 명료했으나, 당황한 이유는 필자가 마케팅과 영업은 별도의 영역이라는 고정관념을 가지고 있을 때 그분의 질문을 받았기 때문이었다. 그러다 보니 마케팅과 영업에 대한 체계적인 이해가 부족해잠깐 머뭇거리다가 답변을 "주기적인 고객 방문을 바탕으로 고객의 요구와 문제해결을 위해 요청한 시간 내에 솔루션을 제공하고 사소한 것이라도 고객 만족을 위해 최선을 다하는 것"이라 답한 적이 있다.

그리고 회의를 마치고 저녁 식사 자리에서 그분에게 "한국지사에선 인원 제한으로 마케팅에 크게 투자하거나 신경을 못 쓰고 있다."고 변명하듯이 부연 설명하면서 "그 당시 질문을 했을 때 기술영업에 대해서만 답변을 했다."고 했더니, 자기는 "마케팅과 영업을 별도영역으로 보지 않기 때문에 포괄적으로 질문했던 것이니 개의치 말라."는 말을 듣고 마케팅과 영업의 차이를 깊이 고민했던 경험이 있다. 아마도 필자와 같이 마케팅과 영업을 별도로 나눠 생각했던 분들이 있다면 어느 정도 공감할 수 있는 이야기라 여겨진다.

그렇다면 마케팅과 영업은 유사하거나 공통된 것으로 봐야 하는지? 아니면 영업과 마케팅은 차이가 있다고 봐야 하는지? 마케팅과 영업의 차이나 공통점을 살펴보기 전에 원론적으로 영업과 마케팅이란 무엇인가부터 살펴보기로 하자.

마케팅에 대한 정의는 전문가마다 다양한 관점에서 설명하고 있지만, 필자의 사견으로는 마케팅이란 기본적으로 제품 개발(Product), 가격책정(Price), 유통채널 선택(Place), 홍보 활동 선택(Promotion) 등 4P를 기반으로 다양한 마케팅 기법과 전략을 활용해 단순히 물건을 판매하는 것뿐만 아니라 소비자가 만족할 만한 제품 및 서비스를 파악하고, 이를 창조하거나 판매하는 전반적인 과정이라 볼 수 있다.

영업 또한 단순히 제품이나 서비스를 고객에게 판매하는 행위를 넘어 고객의 니즈를 지속적으로 파악하고 해결책을 제시해 고객과의 신뢰를 구축하는 과정이라고 할 수 있다. 영업은 넓은 의미로 마케팅 4P 활동을 통한 판매를 증진하기 위한 일련의 활동에 속하기 때문에 마케팅 범주에 속한다고 볼 수 있으면서도 상호 보완적인 관계로 봐야 할 듯하다. 그러나 영업과 마케팅은 연관된 직종이지만 수행하는 업무가 분명히 다른 직무이다 보니 회사에서도 영업팀과 마케팅팀 등으로 분리하는 경향이 많아지고 있거나 판매본부 밑에 분리해 두는 경우도 있다. 그렇지만 기업의 궁극적인 목표인 판매증진과 고객 만족을 통한 매출 증대를 실현하기가 위해서는 머리의 역할을 했던 마케팅과 손과 발의 역할을 했던 영업이 이제는 상황에 따라 머리 역할까지 담당할 수 있도록 두 부서의 상호 보완적인 협업이 매우 중요하다고 할 수 있다.

그러므로 마케팅과 영업은 경영의 일부로, 두 분야 모두 기업의 매출을 창출하기 위한 역할을 하는 주요분야로 성공적인 목표 달성을 위해 서로 협력해야 한다.

영업과 마케팅 두 분야는 서로 밀접하게 연관되어 있지만, 각각의 목표와 접근 방식은 다르므로 세부적으로 살펴보기로 하자.

마케팅의 목표는 고객의 욕구를 파악해 제품이나 서비스에 대한 수요를 창출하는 것으로, 이를 위해 마케팅은 다양한 채널을 통해 잠재 고객에게 제품이나 서비스의 가치를 전달하고, 구매를 고려하도록 유도해야 한다. 마케팅의 주요 활동에는 광고, 홍보, 콘텐츠 마케팅, 브랜드 마케팅 등이 있으며, 영업의 목표는 잠재 고객을 실제 고객으로 전환하는 것이다. 이를 위해 영업은 잠재 고객과 직접적인 상호 작용을 통해 제품이나 서비스의 장점을 설명하고, 구매 결정을 하도록 설득하고 구매 의사결정을 도와줘야 한다. 영업의 주요 활동에는 잠재 고객을 발굴하는 리드 생성과 관리, 거래가 이뤄지고 거래를 이루기 위한 고객관리 등이 있으며, 마케팅과 영업의 차이점은 다음과 같이 5가지 정도로 대분류해 살펴볼 수 있다.

구분	마케팅	영업
목표	소비자의 욕구를 충족시키고, 구매를 유도하기	고객의 욕구를 파악해 구매를 성사시키기
대상	잠재 고객	잠재 고객 및 실제 고객
방식	정보 제공	직접적인 커뮤니케이션
채널	다양한 채널	직접적인 상호 작용
주요 활동	시장조사, 제품 개발, 브랜드 관리, 광고 및 홍보	고객 발굴, 고객관리, 고객 관계 형성, 판매 활동

마케팅과 영업은 서로 밀접하게 연관되어 있으므로 협업이 꼭 필요하다. 마케팅은 영업이 효과적으로 고객을 전환할 수 있도록 수요를 창출해야 하며, 영업은 마케팅이 수립한 목표를 달성할 수 있도록 고객을 관리해야 한다. 마케팅과 영업이 효과적으로 협업하기 위해서는 다음과 같은 사항이 중요하다.

- 마케팅과 영업은 서로의 목표와 전략을 공유하고, 이를 바탕으로 협력해야 한다.
- 마케팅과 영업은 서로의 활동에 필요한 정보를 공유하고, 이를 통해 업무 효율성을 높여야 한다.
- 마케팅과 영업은 서로의 활동에 대한 피드백을 제공하고, 이를 통해 개선점을 도출해야 한다.

이렇게 마케팅과 영업의 협업을 통해 기술영업 전문가의 능력과 신뢰를 바탕으로 기업은 더 효과적으로 제품이나 서비스의 매출을 창출할 수 있다.

현장실무자를 위한 **영업관리와 기술영업 비법**

1장 기술영업의 의미와 정의 요약정리

◆ **기술영업의 정의**

    기술영업은 회사에서 판매 및 공급하는 제품이나 서비스를 특별한 기술지식과 노하우 등 전문지식을 갖춘 기술영업 전문가나 조직이 이를 필요로 하는 고객사에 기술지원을 통해 제품과 서비스를 판매하고 사후관리 및 거래처, 즉 고객사를 관리하는 것을 의미한다.

    기술영업은 다른 직업군에서 경험하지 못한 기술적인 지식에서부터 생산에서 납품 그리고 사후관리까지 회사의 전반적인 업무 프로세스를 잘 알 수 있으며, 일반 내근 직원보단 합리적으로 시간 활용이 용

이하며, 자기 능력에 따라 성과에 대한 보상이 확실하다. 가장 큰 장점은 다양한 사람들을 만나게 돼 대인관계를 넓힐 수 있는데, 이는 곧 경험을 바탕으로 기업가정신을 발휘해 자기사업을 시작하는 사람들에게 큰 도움이 될 수 있다는 점이다.

◆ 일반 영업과 기술영업은 어떻게 다를까?

기술영업이나 일반 영업이나 고객으로부터 신뢰를 얻어, 고객의 의사결정을 도와 구매를 유도해 매출을 올리는 직접적인 마케팅 수단이

현장실무자를 위한 **영업관리와 기술영업 비법**

라는 공통점이 있지만, 주어진 제품과 서비스 등을 얼마나 더 기술적인 전문지식을 가지고 효과적으로 고객과 직접 접촉해 판매하느냐가 차이점이라 할 수 있을 것이다.

◆ 기술영업 전문가는 타고 나는가?

영업 전문가는 내향적이거나 외향적인 성격의 문제 그리고 선천적이거나 후천적이기보다는 자기 스스로 기본과 신뢰를 지키면서 잘할 수 있다는 신념과 잘할 수 있는 업무를 맡고 재능에 맞게 커뮤니케이션과 업무지시를 받아야 좋은 실적을 내는 영업 전문가로 성장할 수

있다. 그랜트 교수의 연구에서도 살펴봤듯이 영업 전문가의 성격은 외향적이거나, 내향적이나 관계없이 현업에서는 양향 성격적인 모습으로 고객의 요구와 니즈에 얼마나 많이 집중적으로 귀 기울이고 고객의 요구나 관점을 잘 이해하는가에 달려있다.

◆ 영업과 마케팅의 차이는 무엇일까?

마케팅은 기본적으로 제품개발(Product), 가격책정(Price), 유통채널 선택(Place), 홍보 활동 선택(Promotion) 등 4P를 기반으로 다양한 마케팅 기법과 전략을 활용해 단순히 물건을 판매하는 것뿐만 아니라 소비자가 만족할 만한 제품 및 서비스를 파악하고 이를 창조하거나 판매하는 전반적인 과정이라 할 수 있다.

영업은 단순히 제품이나 서비스를 직접 고객에게 판매하는 행위를 넘어 고객의 니즈를 지속적으로 파악하고 해결책을 제시해 고객과의 신뢰를 구축하는 과정이다. 영업은 넓은 의미로 마케팅 4P 활동을 통해 판매를 증진하기 위한 일련의 활동에 속하기 때문에 마케팅 범주에 속한다. 그러나 영업과 마케팅은 연관된 직종이면서 수행하는 업무가 분명히 다른 직무이지만, 경영 일부로 상호 보완적인 관계를 유지하면서 기업의 매출 창출과 목표 달성을 위해 협력해야 한다.

2장

기술영업 전문가의 자세와 윤리

2장 기술영업 전문가의 자세와 윤리

1. 기술영업 전문가의 기본자세

    기술영업 전문가는 회사의 얼굴이면서 회사를 대표하는 중요한 최전방 공격수로서 자사 제품 및 서비스를 판매해 매출을 증대하는 것이 목적이지만, 그 과정에서 고객의 문제를 해결하고 가치를 제공하는 것이 더 중요하다. 그러기 위해서는 먼저 깨끗한 외모와 밝은 인상이 중요하며, 기술에 대한 이해와 전문성, 친절함과 신뢰를 바탕으로 한 커뮤니케이션 능력, 신뢰감을 심어줄 수 있는 자신감과 적극성 그리고 마지막으로 문제해결 능력을 갖추고 고객의 요구를 이해하고 그에 맞는 솔루션을 제시할 수 있어야 한다.

단정한 외모와 깨끗한 복장을 하자

미국 벤처 정신의 상징으로 불리는 레이 크록(Ray Kroc)의 자서전 《사업을 한다는 것》이란 책에서 "나는 다름질이 잘된 양복과 반짝이는 구두를 신고, 머리를 깔끔하게 빗질하고, 손톱을 깨끗하게 다듬는 등 외모를 잘 가꾸는 것도 중요하다."라고 강조했다. 이렇듯 기술영업 전문가의 기본자세인 '단정한 외모와 깨끗한 복장'은 중요하다고 할 수 있다. 필자가 레이 크록을 존경하는 이유는 같은 업종인 영업 전문가의 길을 걸었기 때문이 아니라, 산전수전 다 겪은 52세 나이에 창업해 맥도널드를 세계적인 프랜차이즈로 성장시킨 그의 기업가정신과 열정을 높이 평가하기 때문이다.

레이 크록이 강조했듯이 기술영업 전문가는 첫인상이 중요하기에 전문가답게 외모, 즉 겉모습에 신경 써야 한다. 옛날부터 '옷은 날개다.'라는 속담이 있듯이 옷은 단순히 몸을 가리는 도구이기보다 사람의 자신감, 사회적 인식, 삶의 질에 영향을 미치는 중요한 요소로 봐야 한다. 그래서 옷은 자신에게 잘 어울리는 옷을 찾고, 상황에 맞는 옷차림을 해야 한다.

기술영업 전문가는 항상 고객에게 좋은 인상을 주기 위해 단정한 외모를 유지해야 한다. 특히 고객을 만나기 전에 머리카락은 잘 정돈돼 있는지, 어깨에 비듬이 있는지, 코의 코털은 잘 정리돼 있는지, 구취나 체취는 나지 않는지, 정장과 셔츠는 잘 정리돼 있는지, 구두는 깨끗한지 겉모습에 대해 확인 및 점검해 보기를 바란다.

기술적 특징을 이해하고 전문성을 갖추자

기술영업 전문가는 자사 제품 및 서비스뿐만 아니라 경쟁사와 관계된 시장의 기술적인 특징을 이해하여 전문성을 갖추고, 고객의 요구나 문제 발생 시 자신이 갖춘 기술 전문성을 활용해 적합한 제품 및 서비스를 제안해야 한다. 또한 동시에 문제해결을 위한 창의적으로 응용한 솔루션 또한 제공할 수 있어야 한다.

기술적인 전문성은 회사 내 교육팀이나 주기적인 내외부 교육과정에서 습득할 수 있다. 그러나 중요한 것은 기술영업 전문가 스스로 제품 매뉴얼과 전문서적을 지속적으로 읽는 한편, 기회가 있을 때마다 현장경험을 많이 쌓아야 어느 정도 궤도에 올라설 수 있을 것이다. 다시 말해 기술영업 전문가는 기술적인 전문성을 통해 고객의 질의와 문의에 대해 정확하고 신뢰할 수 있는 답변과 회신을 할 수 있어야 한다는 말이다. 그래야만 고객의 신뢰를 얻고 장기적으론 고객과 좋은 관계를 구축할 수 있을 것이다. 따라서 기술영업 전문가는 지속적으로 관련된 제품이나 서비스에 대한 기술적인 특징과 장점을 습득하려는 노력이 필요하다.

커뮤니케이션 능력을 키우자

기술영업 전문가는 메모하는 습관과 최신 이슈나 잡지식이라도 많이 습득하고 알아가는 자세를 가져야 한다. 책을 읽는 것도 습관화해야 고객을 만났을 때 대화를 주도하고 소통하는 데 도움이 될 수 있다. 특히 친절과 신뢰를 바탕으로 커뮤니케이션 채널을 최대한 활용해 고객과 원활히 소통할 수 있는 커뮤니케이션 능력 함양과 계발을 해야 한다.

커뮤니케이션 능력은 우선 고객의 요구를 정확하게 파악하고, 이를 기술적인 전문성을 활용해 설명하고 답변할 수 있어야 한다. 기술영업 전문가의 커뮤니케이션 능력은 아무리 강조해도 지나치지 않다.

일반적으로 말을 잘하는 것이 커뮤니케이션 능력이라고 오해할 수 있으나, 신은경 아나운서가 쓴 《홀리 스피치》를 보면, "말하기의 기본은 듣기다. 잘 듣는다는 것은 귀뿐 아니라 눈빛으로, 온몸으로 듣는 것"이라 하였다. 기술영업 전문가 또한 고객 중심의 사고를 바탕으로 고객의 의견을 경청하고 고객과 신뢰를 쌓을 수 있는 대화를 할 수 있는 능력을 갖춰야 한다.

열정과 적극성을 가지자

기술영업 전문가는 실패를 두려워 말고 고객이 "발주할 테니 제발 좀 오지 말라."고 할 때까지 찾아가는 열정과 적극성 그리고 자신감이 필요하다.

필자가 현업에 있을 때 열정과 적극성이 부족한 동료를 개선하는 것이 제일 힘들었던 기억이 있다. 기술영업 전문가의 열정과 적극성 그리고 자신감의 기본적인 원천은 간절함과 절실함에서 발생한다고 보기에 우선 기술영업 전문가는 자사 제품과 서비스에 대한 이해와 습득을 통해 기술적인 전문성을 가져야 자신의 목표 달성을 위한 적극적인 영업활동을 할 수 있을 것이다. 기술영업 전문가는 스스로 기술적인 전문성을 향상시켜 내부적으로 스토리텔링 연습을 통해 어느 정도 커뮤니케이션 능력을 갖춘 다음에 고객에게 먼저 연락하고, 방문해 대화하고, 고객의 요구를 적극적으로 파악해야 한다. 이런 열정과 적극성은 자신감을 끌어올리고 고객에게 신뢰를 줘 고객이 제품이나 서비스를 구매할 수 있는 가능성을 높여 줄 수 있다. 이런 기술영업 전문가의 자신감은 우선 자사 제품이나 서비스에 대한 충분한 이해와 지식을 쌓아야 하고, 고객의 입장에서 생각하고 고객의 문제나 요구 사항을 해결해주겠다는 의지 그리고 자기를 보완할 수 있는 연습과 노력도 필요하다.

협업을 통해 문제해결 능력을 키우자

기술영업 전문가는 '실패를 두려워 말고 실패에서 배워야 한다.' 그러기 위해서는 많은 경험과 고객의 요구를 경청하면서 공감하고 문제를 해결하기 위해 노력해야 한다. 고객사의 다양한 요구나 문제들에 대해 기술영업 전문가 혼자서 모든 것을 해결하기란 쉽지 않은 일이다. 그렇기 때문에 고객사로부터 접수한 요구 사항이나 문제들은 잘 확인해 필요에 따라 관련 부서에 도움을 요청하는 것이 가장 빠른 문제해결 방법일 수도 있다. 만약 고객이 자사 제품이 아닌 경쟁사의 제품이나 서비스에 만족을 못 하는 경우에도 기술팀과 협업을 통해 그 원인을 파악하여 해결책을 제시한다면, 이를 통해 고객의 신뢰를 얻고 경쟁사 제품까지 교체할 수 있어 장기적으로 고객과 관계 구축에 큰 도움이 될 것이다.

2. 기술영업 전문가의 예절

기술영업 전문가의 예절 중 가장 중요한 기본은 친절한 태도와 말로 고객을 대해야 한다는 것이다. 친절한 태도는 고객에게 호감을 주며 고객이 자사 제품이나 서비스를 구매할 가능성과 관심을 높여줄 수 있다. 친절함을 키우기 위해서는 다음과 같은 노력이 필요할 수 있다. 우선 기본적으로 고객을 존중하고 고객의 요구를 경청하며, 공감하고 배려하는 마음을 가져야 하며, 특히 고객의 문제를 해결해주기 위해 최선을 다해야 한다. 필자는 이러한 자세를 갖추기 위해선 끊임없는 노력과 항상 고객의 입장에서 생각하고, 고객의 문제를 해결해주겠다는 의지를 갖는 것이 중요하다고 생각한다.

고객과의 만남은 명함 교환에서 시작한다

고객을 만났을 때 명함 교환은 기술영업 활동의 기본이면서 가장 중요한 예절이다. 명함을 교환함으로써 상대방의 이름, 직위, 소속 등을 확인하고 인사를 나누는 시간을 갖게 된다. 그러므로 명함을 교환할 때는 기본적인 예절을 숙지하고 실천하는 것이 중요하다.

기술영업 전문가는 고객을 처음 만났을 때 먼저 명함을 건네는데, 명함은 명함 케이스 위에 올려 두 손으로 건네는 것이 좋으며, 건넬 때는 "A사 기술영업담당 홍길동입니다."라고 자기 소속을 밝히며 간단한 인사를 전하면 된다.

명함을 주고받는 방법은 선 자세에서 명함을 건네고 받으며, 명함은 오른손으로 주고 왼손으로 받는다. 명함에 적힌 정보가 상대방을 향하도록 여백을 잡고 건네고 받아야 한다. 명함을 건네거나 받을 때는 밝은 미소를 띠며 가볍게 목례를 하는 것이 좋다. 명함을 받은 후에는 상대방의 이름과 직함을 확인하고, 반드시 자신의 명함도 건네는 것이 예의이다.

명함을 서로 교환한 다음에는 명함에 적힌 정보가 잘 보이도록 테이블 위에 직급별 순서로 가지런히 올려놓고 상대방을 확인한다. 그리고 회의가 끝나면 흘리지 않도록 주의하고, 구겨지거나 더러워지지 않도록 자기 명함 지갑에 넣어 보관하면 된다.

명함을 주고받을 때 필자의 경험을 말하자면, 첫인상은 첫 만남의 몇 초 만에 결정되기에 명함은 정장의 안주머니나 가방에 넣어 두고 다니고, 항상 고객의 명함을 받았을 때 받은 날짜, 상대방의 외모 특징, 취미 등을 메모해 두면 나중에 기억할 때 도움이 된다.

고객사 방문 시 회의실에서 어느 쪽에 앉아야 할까?

기술영업 전문가가 고객사 방문 시 회의의 목적에 따라 다르지만, 기본적으로 회의실에서 오른쪽에 앉는 것이 일반적이다. 오른쪽에 앉는 이유는 오른쪽 자리가 주도권을 상징하는 위치로 여겨지기 때문이다. 그리고 회의 주재자가 오른쪽에 앉는 경우가 많기 때문이며, 기술영업 전문가가 오른쪽에 앉으면 회의 주재자와 더 가까워지고 회의 진행을 주도할 수 있는 위치에 앉을 수 있기 때문이다.

그러나 기술영업 전문가가 고객사 방문 시 회의실에서 앉는 위치는 회의의 목적, 참석자의 지위, 참석자의 수 등을 고려하여 결정하거나 다르므로 다음 몇 가지 경우를 참조하면 좋을 듯하다.

회의의 목적이 제품이나 서비스를 소개하는 경우엔 기술영업 전문가는 회의실 중앙이나 회의 주재자의 오른쪽에 앉는 것이 좋다. 회의 주재자의 오른쪽에 앉으면 회의의 진행을 주도할 수 있고 회의 참석자 모두와 눈을 맞출 수 있는 위치에 있을 수 있기 때문이다.

회의의 목적이 계약체결인 경우는 기술영업 전문가는 회의 주재자와 마주 보는 위치에 앉는 것이 좋으며, 회의 주재자와 마주 보는 위치에 앉으면 계약서에 서명할 때 편리하고 회의 참석자 모두와 눈을 맞출 수 있는 위치에 있을 수 있기 때문이다.

회의의 목적이 협상인 경우 기술영업 전문가는 협상의 주도권을 잡을 수 있는 위치에 앉는 것이 좋기에 회의실의 중앙이나 회의 주재자의 오른쪽에 앉는 것이 좋다.

고객 차에 탑승할 때 어느 쪽에 앉아야 할까?

기술영업 전문가가 자가 차가 아닌 고객의 차에 탑승하는 것은 영업활동의 일환이므로 고객의 지위와 상황에 맞는 위치에 앉고 예절을 지키는 것이 중요하다.

기본적으로 기술영업 전문가는 고객의 차에 탑승할 때 다음과 같은 예절을 지키는 것이 좋다.

- 고객의 지위와 상황에 따라 맞는 위치에 앉는다.
- 탑승하기 전에 고객에게 허락을 구한다.
- 탑승 후에는 고객사에 인사한다.
- 탑승 중에는 안전벨트를 착용한다.

• 탑승 후에는 고객에게 감사 인사를 한다.

기술영업 전문가가 고객의 차에 탑승 시 지위와 상황에 따라 앉는 위치가 다르기에 다음 몇 가지 경우를 살펴보기로 하자.

고객의 차 운전석 옆자리에 앉는 경우는 기술영업 전문가가 고객과 대화를 나누기 쉽고 회의 장소로 이동하는 동안 고객의 업무나 관삼사에 대해 알아볼 수 있기 때문이다.

고객의 차 뒷좌석에 앉는 경우는 기술영업 전문가가 고객의 지위에 대한 예의를 표하기 위해서인데, 고객의 지위가 높은 경우엔 뒷좌석에 앉는 것이 좋다.

고객의 차 운전석에 앉는 경우는 고객의 지위가 낮거나 회의 장소가 가까운 경우 기술영업 전문가가 고객의 편의를 제공하기 위해서인데, 필자는 옆자리에 앉는 것이 좋다고 본다.

고객과 업무 및 식사 약속을 잡을 때 고려 사항

기술영업 전문가는 고객과 약속을 잡을 때 약속의 목적, 약속 시간, 약속 장소, 약속의 내용 등을 고려하여서 하는 것이 좋다. 특히 고객과 식사 약속을 잡을 땐 미팅 직후나 업무 협력 제안 직후가 좋으며, 고객과의 관계가 아직 형성되지 않은 상태에서 식사 약속을 잡는 것은 부담을 줄 수 있기에 지양해야 한다. 식사 약속은 고객의 일정을 고려하여 고객의 일정에 맞춰 약속을 잡아야 고객이 응할 수 있으며, 고객에게 약속의 목적과 내용을 구체적으로 전달하면 고객이 약속을 수락할 가능성이 커진다. 그러나 상황에 따라 다르기에 기본적으론 처음엔 고객 쪽에 부담이 덜하도록 약속을 잡기를 추천한다.

고객과 관계 형성이 잘 이뤄져 식사 약속을 잡을 때는 식사 약속을 잡는 목적이 단순히 친목 도모인지, 업무협력을 위한 약속인지에 따라 약속의 분위기가 달라지기 때문에 약속의 목적을 명확히 해야 좋다. 또한 약속을 잡을 때는 고객의 직업과 업무 일정을 고려하여 약속 시간을 잡아야 하며, 약속 장소 또한 고객의 취향과 선호도를 고려하여 선택하는 것이 중요하다.

필자의 경험을 바탕으로 기술영업사원이 고객과 식사할 때 지켜야할 사항을 정리하니 참고하면 좋을 듯싶다.

- 약속 시간 전에 미리 도착해 고객을 기다리는 것이 좋다.
- 고객의 지위에 맞는 자리에 앉는다.
- 일반적으로 벽을 등진 자리, 입구 쪽에서 먼 자리, 경치를 바라볼 수 있는 자리 등이 상석이기에 고객분을 상석으로 모시는 것이 좋다. 그러나 고객분이 나이가 많거나 장애가 있다면 입구에서 가까운 자리로 배치해 주는 것이 좋다.
- 고객에게 먼저 술이나 음식을 권한다.
- 고객과 대화를 주도하되 고객이 말할 수 있도록 유도한다.

- 고객의 말을 경청한다.

- 고객의 취향이나 기호를 배려한다.

- 식사 중에는 상대방을 배려해 식사 속도를 맞추며 음식을 남기지 않는다.

- 식사 자리에서 핸드폰을 사용하지 않는다.

- 식사 중에는 흡연하지 않는다.

- 식사 중에는 실수할 수 있으니 음주를 자제한다.

- 개인적인 이야기는 되도록 삼간다.

- 고객의 비밀을 지킨다.

- 식사 후에는 고객에게 감사 인사를 한다.

3. 기술영업 전문가의 외모와 복장

누구에게나 외모와 복장은 첫인상을 결정하는 중요한 요소 중 하나로, 특히 기술영업 전문가에겐 옷 잘 입는 것도 전략이다. 미국의 심리학자 앨런 피스케(Alan Fiske)는 《인간의 사회적 지각(The Social Perception of Humans)》을 통해 "인간은 상대방을 처음 만났을 때 단 10초 만에 그 사람의 외모, 목소리, 행동 등을 통해 그 사람의 전반적인 첫인상을 형성한다."라고 했다. 이렇듯 첫인상이 10초 만에 결정된다고 보면 그 이후의 고객과 관계 형성에 큰 영향을 미칠 수 있어 복장 등 외모를 잘 가꾸는 것은 성공적인 기술영업 활동을 위한 필수 전략 중 하나로 보인다.

따라서 기술영업 전문가는 상황에 맞는 옷을 입는 것이 중요한데 상황에 맞는 옷차림이란, 그 자리에서 요구되는 최소한의 복장 수준을 충족하면서도 자신의 개성과 스타일을 드러낼 수 있는 옷차림을 의미한다. 예를 들어 비즈니스 미팅에 참석할 때는 정장을 입는 것이 일반적이나 필자 개인적으론 너무 딱딱한 정장보다는 캐주얼한 정장이나 스마트한 캐주얼을 입는 것이 더 좋은 인상을 줄 수 있다고 본다.

필자가 기술영업 전문가들에게 외모와 옷차림에 신경 쓰라고 강조하는 이유는 첫인상을 결정 짓는 가장 큰 이유도 있지만, 실적 좋은 기술영업 전문가는 외모와 옷차림도 다르다는 경험을 했기 때문이다. 기술영업 전문가의 깔끔한 외모와 단정한 옷차림은 첫인상을 좋게 만들 수 있으며, 자신감을 높이고, 고객과 관계 형성에 도움을 줄 수 있다.

기술영업 전문가의 복장과 관련하여 체형에 따라 다르지만, 아래와 같이 일반적인 팁과 각각의 체형에 따라 제안하니 각자에게 맞게 관리하기를 추천한다.

- 단정한 복장을 선택하고 잘 다려 입는다.
- 구두나 신발은 깨끗하고 깔끔해야 한다.
- 액세서리는 적당히 착용해야 한다.

- 헤어스타일은 단정해야 하며, 기술영업 전문가가 여성일 경우 메이크업 또한 단정해야 한다.
- 향수는 과도하게 사용하지 말아야 한다.
- 어깨에 비듬이 있는지 확인한다.
- 코의 코털은 잘 정리돼 있는지 확인한다.
- 구취나 체취는 괜찮은지 확인한다.

키가 작은 체형의 복장 코디 방법[5]

필자와 같이 키가 작은 체형은 옷 선택에 어려움을 느끼기도 하지만, 옷을 통해 단점을 보완하고 자신만의 매력을 더욱 돋보이게 할 수도 있다. 키 작은 사람은 일반적으로 너무 꽉 끼는 옷이나 너무 넓은 옷, 너무 많은 패턴이 있는 색상의 옷을 입으면 체형이 드러나고 전체적인 균형이 무너져 키가 작아 보일 수 있어 주의해야 한다.

하지만 키 작은 체형의 경우 다음과 같이 몇 가지 팁을 활용하면 키를 더 크게 보이도록 연출하고 자신감을 높일 수 있다.

- 가슴 윗부분에 액세서리로 포인트를 줘 분산시킨다.
- 짧게 입어야 다리가 길어 보인다.

....

[5] https://blog.naver.com/nomnice1/90085183000

- 상의는 최대한 타이트하게 입는다.

- 작은 키의 장점을 최대한 살려 최대한 귀엽게 입는다.

- 세로 선을 강조하거나 허리선이 높은 하이 웨이스트[6]로 입는다.

- 한 가지 색보다는 같은 톤이라도 색상의 변화를 준다.

- 무늬 옷을 입는다면 작은 무늬로 입는다.

- 상의에 강한 색상 등으로 포인트를 주어 시선을 위쪽으로 분산시켜 입는다.

- 따뜻하고 얇은 소재로 입는다.

- 목 부분에 많은 볼륨을 주는 터틀넥은 피한다.

- 바지는 스트레트형으로 타이트하게 입는다.

- 하의와 신발 컬러는 통일시킨다.

- 복숭아뼈를 살짝 덮는 부츠컷 길이가 다리가 제일 길어 보인다.

- 신발은 투박하지 않고 굽이 높은 것으로 신는다.

- 가방 크기나 볼륨은 최대한 줄인다.

키가 큰 체형의 복장 코디 방법

키가 큰 체형은 옷 선택에 어려움이 별로 없을 수 있으나, 의외로 키

....

6) 하이웨이스트(High-waist)는 '높은'이라는 뜻의 'High'와 허리를 뜻하는 'Waist'의 결합어로, '높은 허리(옷)'라는 뜻이다.

큰 체형이 옷 선택에 더 어려움을 느낄 수 있다. 키 큰 체형을 보완하려 한다면 다양한 길이의 옷을 겹쳐 입는 레이어드 코디 방법을 활용해 전체적인 라인을 복잡하게 보이게 하여 키를 작게 보이게 한다. 또한 키가 큰 장점을 이용해 긴 탑과 짧은 재킷을 함께 입고 다양한 소재를 활용해 믹스 매치하는 것도 좋다.

키 큰 것은 단점보다 장점이라 할 수 있기에, 다음과 같이 몇 가지 팁을 활용하면 옷을 통해 보완하여 자신만의 매력을 더욱 돋보이도록 연출하고 자신감을 높일 수 있다.

- 키가 크니 수평 효과를 이용하는 옷차림을 추천한다.
- 작은 무늬보단 큰 무늬가 있는 것이 좋다.
- 칼라가 넓거나 허리선이 낮은 옷을 입는다.
- 장식이 많은 옷과 굵은 벨트도 효과적이다.
- 하의와 상의 색이 다른 옷을 입는다.

마른 체형의 복장 코디 방법

마른 체형은 옷 선택에 어려움을 느끼기도 하지만, 옷을 통해 체형을 더욱 건강하고 매력적으로 보이도록 연출할 수 있다. 상의는 몸에 붙기보다 풍성해 보이는 옷을 선택해서 전체적인 균형을 잡아주고, 하의도 품이 조금 넉넉한 옷을 선택해 마른 체형이 드러나지 않도록

현장실무자를 위한 **영업관리**와 **기술영업** 비법

하는 것이 좋다.

하지만 마른 체형을 활용해 다음과 같이 몇 가지 팁을 활용하여 자신만의 매력을 더욱 돋보이게 코디할 수 있다.

- 명도가 높은 옷이 잘 어울리는데, 특히 파스텔 계통의 옷이나 흰색 등 밝은색이 좋다.
- 화려한 무늬가 있거나 여밈 재킷 등 부피감을 살려주는 것이 좋다.
- 표면이 돌출되거나 빳빳한 느낌의 옷도 괜찮다.
- 얇은 소재로 만든 옷은 몸을 더 마르게 보여 피해야 한다.

뚱뚱한 체형의 복장 코디 방법

뚱뚱한 체형은 옷 선택에 제일 어려움을 느끼기도 하지만, 옷을 통해 체형을 보완하고 매력적으로 보이도록 연출할 수 있다. 상의는 검은색이나 남색과 같은 어두운 계열 색의 색상을 입으면 날씬해 보이고, 하의도 검은색이나 남색 같은 어두운 색상의 기본 핏과 일자 핏 등의 일반적인 핏 계통의 옷을 입는 것이 좋다.

하지만 뚱뚱한 체형은 단점이 아니라 개성이기에 다음과 같이 몇 가지 팁을 활용하여 자신만의 매력을 더욱 돋보이게 코디할 수 있다.

- 단순한 디자인에 수직이나 사선의 무늬가 있는 옷이 어울린다.

- 여밈이 비대칭인 것이 좋다.

- 헐렁한 디자인보다 몸에 맞는 옷이 더 날씬해 보인다.

- 무겁고 부피감 있는 옷은 피한다.

- 몸의 윤곽을 강조하지 않는 소재나 디자인의 옷을 선택하는 것이
  좋다.

- 짙은 색, 즉 어두운색은 몸을 작아 보이게 한다.

　　기술영업 전문가의 복장은 영업 성공에 있어 중요한 요소 중 하나로 단정한 복장을 통해 고객에게 좋은 인상을 주고 신뢰감을 줄 수 있도록 노력해야 한다.

4. 기술영업 전문가의 소품

　　기술영업 전문가는 고객을 만나고, 자사 제품이나 서비스를 소개하고, 계약을 성사시키기 위해서 항상 고객에게 좋은 인상을 줄 수 있도록 노력해야 한다. 앞에서 설명한 기술영업 전문가의 자세와 예절 못지않게 기본적인 소품인 명함 케이스를 비롯해 가방, 휴대전화, 노트북, 펜, 카탈로그 그리고 필요에 따라 제품 샘플 등은 옷차림뿐만 아니라 영업에 중요한 역할을 한다.

기술영업 전문가의 얼굴이라고 할 수 있는 '명함 케이스'

　기술영업 전문가의 기본적이면서도 중요한 소품은 당연히 명함 케이스로 '영업사원의 얼굴'이라 할 수 있을 것이다. 명함 케이스에 넣고 다닐 명함은 깔끔하고, 세련되게 제작해야 하며, 명함에는 기술영업 전문가의 이름, 직책, 회사명, 연락처 등이 기재돼 있어야 한다. 명함은 비즈니스에서 자신의 신분을 나타내고 제품이나 서비스에 대한 정보를 제공하는 중요한 소품이다.

소품과 노트북을 담을 '가방'

　기술영업 전문가는 고객을 만나서 자사 제품이나 서비스를 설명하기 위해 노트북, 펜, 휴대전화기, 카탈로그 등 다양한 소품을 휴대하고 다녀야 한다. 그러기 위해선 가방을 준비하여 소품들을 정리하여 보관할 수 있어야 하는데, 가방 크기는 적당하고 소품이 쉽게 빠지지 않도록 튼튼한 것으로 선택해야 한다.

　필자의 경험을 피력하자면 가방은 명품이면 좋겠지만 현장 고객의 반감을 살 수 있으므로 최대한 질 좋은 것을 구매해서 다닐 것을 추천한다. 질 좋은 가방을 구매해서 다니는 순간, 자신도 모르게 자신에 대한 이미지도 좋아지는 것을 실감하게 될 것이다.

고객에게 제품 설명과 회의 내용을 정리할 '노트북'

기술영업 전문가에게 노트북이나 태블릿PC는 단순한 업무 도구가 아닌 기술영업을 하는 데 핵심적인 성공 요소 중의 하나라고 할 수 있다. 기술영업 전문가가 고객과 미팅할 때나 영업을 위해 제품 및 서비스에 대한 정보를 제공할 때 그리고 기술자료 제작부터 견적서 작성까지 영업활동의 거의 모든 과정에서 노트북이 필수적으로 사용되기 때문이다. 특히 기술영업 전문가는 언제, 어디서나 노트북 또는 태블릿PC를 활용해 필요한 정보를 손쉽게 제공 및 확인할 수 있고, 고객과 협의한 내용을 정리하고, 계약서 등을 작성하는 데도 사용하는 중요한 소품이다.

그렇기 때문에 기술영업 전문가가 노트북을 선택할 때는 높은 사양의 프로세서, 충분한 메모리, 대용량 저장 공간을 갖추되 이동성을 고려하여 가볍고 얇은 디자인을 선택하는 것이 좋다. 그리고 노트북은 고객에게 제품시연과 프레젠테이션을 할 경우가 많으므로 디스플레이는 선명한 것이 좋으며, 배터리는 장시간 사용 가능한 대용량 제품으로 선택하고 보안 기능 또한 필수로 선택해야 한다.

고객의 의견을 메모하고 계약서에 사인하기 위한 '펜'

기술영업 전문가는 고객과 미팅할 때 고객의 의견이나 요청 사항을 메모하거나 계약서에 서명할 때 또는 받을 때 펜이 필요하다. 펜은 항상 기술영업 전문가 손에 들고 있어야 하며, 잉크가 부족하지 않도록 잘 관리해야 한다. 필자의 경험을 피력하자면 일반적으로 사용하는 펜과 계약 등 업무적으로 사용하는 펜으로 나누어 사용하는 것을 추천하며, 업무용으로 사용할 펜은 가능하다면 명품 또는 최대한 질 좋은 것을 구매해서 다닐 것을 추천한다. 가방과 같이 질 좋은 펜을 구매해서 다니는 순간, 자신도 모르게 자신에 대한 이미지도 좋아지는 것을 실감하게 될 것이다.

고객에게 제품의 사양과 형태를 간접적으로 보여줄 수 있는 '카탈로그'

카탈로그(Catalogue)는 기술영업 전문가에게 유용한 마케팅 도구로써 간단한 제품 정보를 제공하는 보로슈어(Brochure)보다는 고객에게 제품에 대한 정보를 길고 자세하게 제공해야 한다. 기술영업 전문가가 고객을 만나 자사 제품을 설명할 때, 고객의 입장에선 제품에 대한 이해가 부족할 수 있으므로 카탈로그를 활용해 설명한다면 제품을 쉽게 설명하고 이해시키는 데 큰 도움이 될 수 있다.

그러므로 카탈로그를 제작할 때는 카탈로그 내용에 제품 이름, 제품의 내외부 사진 또는 이미지, 간략한 제품 설명, 사양, 주요 특징, 장점 그리고 회사 소개 및 연락처 등을 기재해 주는 것이 좋다. 그리고 카탈로그는 제품의 특징과 장점이 드러날 수 있는 이미지를 선택해 최대한 눈에 띄고 기억에 남는 디자인으로 하는 것이 좋으며, 간결하고 명료한 텍스트를 사용하되 명확하고 읽기 쉬워야 한다.

기술영업 전문가의 가방엔 고객과의 상담을 대비해 항상 카탈로그가 있어야 한다. 그래야만 고객에게 자사 제품의 특징과 장점을 설명하기에 앞서 제품을 우선 이해시켜 고객의 관심을 유도하는 데 좀 더 도움을 줄 수 있을 것이다.

고객에게 제품을 직접 보여줄 수 있는 '제품 샘플'

제품 샘플은 기술영업 전문가가 고객에게 자사 제품의 특징과 장점을 직접 보여줄 수 있는 소품이다. 제품 샘플을 제공하고 보여주면 고객의 관심을 유도하고 제품 구매에 대한 결정을 내리는 데 좀 더 도움을 줄 수 있을 것이다.

물론 요즘은 자사 제품의 시현을 위해 샘플을 가지고 다니는 경우보단 애니메이션 등으로 제작해 노트북을 활용해 시현하는 경우가 많은 듯하다. 그러나 필자의 경험으론 애니메이션 시현도 나름대로 좋은 방법일 수 있지만, 샘플을 활용한 영업보다는 덜하다는 경험을 해 되도록 기회가 된다면 기념품으로 나눠 줄 수 있는 크기로 제작해 고객에게 홍보용으로 제공하는 것도 좋은 영업방법이라 추천한다.

5. 기술영업 전문가의 윤리

기본적으로 기술영업 전문가는 매출 증대에 기여하는 것이 가장 큰 업무와 역할이지만 매출에만 집중하다 보면 윤리를 등한시할 수 있기에 기술영업 전문가의 윤리는 기술영업 전문가로서 지켜야 할 규범이다. 기술영업 전문가는 기술에 대한 전문지식과 고객 중심 사고를 바탕으로 고객사의 요구 사항을 충족시키는 솔루션을 제공해야 한다. 따라서 모든 기술영업 전문가는 기본적인 윤리를 준수하여 고객의 신뢰를 얻고 사회에 이바지해야 한다.

기술영업 전문가의 윤리는 진실성의 원칙, 공정성의 원칙, 투명성의 원칙, 책임 및 비밀유지의 원칙, 규정준수의 원칙 등으로 나누어 생각할 수 있다.

진실성의 원칙이다

기술영업 전문가가 영업을 하다 보면 자신의 영업 목표와 회사의 매출 목표를 달성해야 한다는 압박감과 무언의 압력으로 간혹 진실성의 원칙에서 벗어나는 경우를 종종 보게 된다. 예를 들어 고객에게 허위 정보를 제공하고, 과장된 제품 설명, 약속 불이행 등은 기업의 신뢰를 잃고 매출에 중대한 타격을 줄 수 있다.

이러한 기술영업 전문가가 진실성의 원칙을 위반했을 경우 사실관계를 명확히 파악해 사규에 따라 징계 조치하는 것을 원칙으로 해야 한다. 그리고 진실성의 원칙 위반 방지를 위해선 모든 기술영업 전문가에게 진실성의 원칙에 대한 중요성을 명확하게 교육하고 윤리적 의식을 지속해서 함양시켜야 하고, 기업은 윤리적 경영 문화를 조성하는 한편, 내부규정을 만들어 영업활동을 엄격하게 관리하고 감독하여 진실성의 원칙 위반을 방지해야 한다.

공정성의 원칙이다

기술영업 전문가는 고객에게 공정한 서비스를 제공해야 한다. 고객의 요구 사항을 충족시키기 위해 최선을 다하고 고객이 합리적인 결정을 할 수 있도록 도와줘야 한다.

그러나 현장에선 간혹 정보비대칭(Information Asymmetry)을 활용해 고객에게 중요한 정보를 제공하지 않거나 잘못된 정보를 제공해 불이익을 주는 경우와 고객에게 부당한 압박을 가하거나 계약체결을 강요하는 경우가 있다. 또한 고객사 담당자들에게 뇌물을 주거나, 기술영업 전문가 개인의 이익을 위해 고객에게 반대로 뇌물을 요구하거나, 고객에게 불리하게 행동하는 경우와 차별적인 행동을 하는 경우가 모두 공정성의 원칙을 침해하는 유형들이다.

이러한 기술영업 전문가가 공정성의 원칙을 침해한 경우에는 해당 사건의 배경, 관련된 인물, 발생 시기 및 장소, 구체적인 행동 및 발언 등을 명확하게 파악해 사실확인 후 징계 조치하는 것이 원칙이다.

그리고 공정성의 원칙 위반을 방지하기 위해서는 모든 기술영업 전문가에게 공정성의 원칙에 대한 교육을 강화하고, 윤리적인 의사결정 및 행동을 위한 교육 프로그램을 제공해야 한다. 또한 기업에서는 추가로 재발 방지를 위한 시스템을 구축하고, 공정성의 원칙을 준수하는 기업 문화를 조성해야 한다. 만약 해당 사건이 심각한 경우 외부 기관의 도움을 받아 공정하게 사건을 조사하고 해결해야 한다.

투명성의 원칙이다

기술영업 전문가는 고객에게 영업활동에 대한 투명한 정보를 제공해야 한다. 고객에게 자사 제품이나 서비스를 판매하는 데 기술적인 특징이나 제품의 하자 등 고객이 알아야 할 정보를 숨기지 말아야 한다.

그러나 현장에선 간혹 기술영업 전문가가 고객에게 제품이나 서비스의 장점과 단점을 모두 포함하여 정확하고 완전한 정보를 제공해야 하나, 단기적으로 자신의 영업 목표와 회사의 매출 목표를 달성하려는 유혹에 빠져 고객에게 제품의 하자나 단점 등을 빼놓고 제공해 투명성의 원칙을 침해하는 경우를 간혹 보게 된다.

이러한 기술영업 전문가가 투명성의 원칙을 벗어난 경우 고객은 해당 회사와 제품에 대한 불신을 키우게 돼, 이는 고객 만족도 저하, 매출 감소, 브랜드 이미지 손상으로 이어질 수 있으므로 내부적으로 투명성의 원칙에 대한 교육을 강화하고, 윤리적인 의사결정 및 행동을 위한 교육 프로그램을 제공해야 한다.

책임 및 비밀유지의 원칙이다

기술영업 전문가는 외부적으론 고객과의 약속을 지키고 책임감 있게 행동해야 하며, 또한 고객의 요구 사항을 충족시키기 위해 최선을 다하며 고객의 정보나 기밀은 꼭 지켜줘야 한다. 그리고 회사 내부적으로도 업무 중에 취득한 영업자료나 기술자료 중 비밀성이 있는 자료들은 외부로 유출되지 않도록 비밀유지의 원칙을 꼭 준수해야만 한다.

업무적으로 살펴보면, 제안서[7] 작성을 위해 고객사로부터 취득한 제품의 수량, 대금, 기타 제품매매계약에 의거 파악된 고객의 업무상 비밀사항을 타인에게 누설하거나 제공해서는 안 된다.

계약한 제품의 기술상의 비밀을 유지하기 위해 다음과 같은 사항을 준수하고 외부로 유출해 타인에게 제공하는 것을 금해야 한다.

....

7) '제안서(Proposal)'는 기업이나 공공기관에서 특정 제품이나 서비스에 대한 구매 의사를 나타내고, 잠재 공급업체들에게 가격 제출 제안을 요청하는 문서인 '견적요청서(Request For Quotation)'에 따라 가격, 납기, 기술 사양서 등을 기재해 작성한 문서이다. 다른 용어로 '견적서(Quotation)'라고도 한다.

첫째, 고객이 교부한 견적요청서[8]에 포함된 도면, 사양서, 규격 등은 제품 제조 이외의 목적에 사용하거나 이용하지 않는다.

둘째, 고객의 사전 승인 없이 도면, 사양서, 기타 서류를 복사하거나 타인에게 열람, 교부하지 않는다.

셋째, 계약제품 제작 완료 후 또는 고객이 요구할 경우에는 고객이 교부한 도면, 사양서 등을 즉시 고객에게 반환하여야 한다.

비밀유지의 원칙 침해와 관련하여 현장의 많은 경우가 기술영업 전문가의 퇴사 시점 또는 퇴사 후에 비밀유지 원칙을 벗어났다는 상황에 직면하는 경우가 대부분이다. 기술영업 전문가가 선의로 업무를 보기 위해서 자료를 유출했든지, 아니면 자의적으로 사익을 위해 자료를 유출했든지, 이는 문제가 될 수 있어 다양한 법적·윤리적·계약적 책임을 초래할 수 있다. 그러므로 자의적으로 사익을 제외하고라도, 만약 현업에 있으면서 업무를 위해 자료를 유출할 땐 내부 승인을 득하고 사용 후에는 반납해야 하는 것이 원칙이나, 바쁘거나 깜박하여 잘 지켜지지 않는 것이 사실이다. 그러므로 불미스러운 일에 엮이지 않기 위해 주의가 필요하다.

이러한 비밀유지의 원칙을 위반하였을 경우 형사적으로 부정경쟁방지 및 영업비밀보호에 관한 법률에 따라 업무상 배임죄 또는 불법 정

---

8) '견적요청서(Request For Quotation)'는 기업이나 공공기관에서 특정 제품이나 서비스에 대한 구매 의사를 나타내고, 잠재 공급업체들에게 가격, 납기, 기술 사양서, 즉 '제안서(Proposal)' 제출 제안을 요청하는 문서이다.

보유출죄 등 관련된 처벌 규정에 따라 법적 책임을 질 확률이 높아 기술영업 전문가들은 회사 내 비밀유지 관련 보안 규정을 꼭 숙지하고 주의할 것을 간곡히 당부한다.

그러므로 기업에선 비밀유지의 원칙 위반을 방지하기 위해 비밀유지 정책 및 절차에 대한 비밀유지 관련 보안 교육을 정기적으로 실시해야 하며, 회사의 정보보안 정책에 따라 비밀을 요하는 자료들은 각각 비밀번호를 부여해 필요한 정보에만 접근할 수 있도록 해야 한다.

규정준수의 원칙이다

규정준수의 원칙은 앞에서 살펴본 비밀유지의 원칙과 비슷한 규정으로 기술영업 전문가가 SNS(Social Network Service; 카카오톡, 휴대전화기 등)로 영업활동을 수행할 때는 기업의 규정을 준수해야 한다. 예를 들면 고객의 정보와 자료를 외부로 유출해서는 안 되며, 회사의 영업 정책을 준수하고 회사의 이미지에 손상을 줄 수 있는 내용을 게시해서도 안 된다.

그러나 현장에선 간혹 기술영업 전문가가 고객정보, 회사 기밀, 경쟁 정보 등 민감한 정보를 개인 메신저에 올려 규정준수의 원칙을 위반하는 경우를 종종 보게 된다.

이렇듯 SNS(카카오톡 등) 등 개인 메신저를 통해 무심코 기업의 민감한 정보를 공유하다가는 규정준수 위반으로 이어질 수 있고, 심각한 결과를 초래할 수 있다는 것을 명심해야 한다.

이러한 기술영업 전문가의 규정준수의 원칙을 침해한 경우에는 해당 사건의 배경, 관련된 인물, 발생 시기 및 장소, 구체적인 기밀성 및 정보 등급에 따라 징계를 받을 수 있으며, 심한 경우 해고되거나 법적 책임을 물을 수 있다.

규정준수의 원칙 위반을 방지하기 위해서는 모든 기술영업 전문가에게 회사의 정보보안 정책이나 내부규정 등을 숙지시키고 준수할 수 있도록 교육을 강화하고, 개인정보 보호법 등 관련 법규를 준수하고 고객의 개인정보를 보호해야 한다. 또한 회사에서 제공하는 정보보안 및 윤리교육 등에도 정기적으로 적극 참여시켜야 한다.

따라서 기술영업 전문가의 윤리를 준수한다면 고객의 신뢰를 얻어 고객과 긍정적이고 지속적인 관계 형성은 물론이고, 지속적인 매출 증대를 이룰 수 있으며, 기술을 바르게 사용하고 기술을 통해 사회 발전에 기여할 수 있는 이점이 있다는 것을 명심하기 바란다.

◆ **기술영업 전문가의 자세**

기술영업 전문가는 회사의 얼굴이자 회사를 대표하는 중요한 최전
방 공격수로서 자사 제품 및 서비스를 판매해 매출을 증대하는 것이
목적이지만, 그 과정에서 고객의 문제를 해결하고 가치를 제공하는
것이 더 중요하다. 그러기 위해선 먼저 깨끗한 외모와 밝은 인상이 중
요하며, 기술에 대한 이해와 전문성, 친절함과 신뢰를 바탕으로 한 커
뮤니케이션 능력, 신뢰감을 심어줄 수 있는 자신감과 적극성 그리고
마지막으로 문제해결 능력을 갖추고 고객의 요구를 이해하고, 그에
맞는 솔루션을 제시할 수 있어야 한다.

◆ 기술영업 전문가의 예절

기술영업 전문가의 예절 중 가장 중요한 기본은 친절한 태도와 말로 고객을 대해야 한다는 것이다. 친절한 태도는 고객에게 호감을 줄 뿐만 아니라 고객이 자사 제품이나 서비스를 구매할 가능성과 관심을 높여줄 수 있다. 기본적으로 고객을 존중하고 고객의 요구를 경청하며 공감하고 배려하는 마음을 가져야 하며, 특히 고객의 문제를 해결해 주기 위해 최선을 다해야 한다.

◆ 기술영업 전문가의 외모와 복장

　누구에게나 외모와 복장은 첫인상을 결정하는 중요한 요소 중 하나로, 특히 기술영업 전문가에겐 옷 잘 입는 것도 전략이다. 기술영업 전문가의 복장은 영업 성공에 있어 중요한 요소 중 하나로 단정한 복장을 통해 고객에게 좋은 인상을 주고 신뢰감을 줄 수 있도록 노력해야 한다. 그러므로 기술영업 전문가의 복장은 체형에 따라 다르지만, 체형과 자신만의 개성에 맞는 옷으로 단점을 보완하고 자신만의 매력을 더욱 돋보이게 해야 한다.

◆ 기술영업 전문가의 소품

　기술영업 전문가는 고객을 만나고 자사 제품이나 서비스를 소개하고 계약을 성사시키기 위해서 항상 고객에게 좋은 인상을 줄 수 있도록 노력해야 한다. 그래서 기술영업 전문가의 자세와 예절 못지않게 기본적인 소품인 명함 케이스를 비롯해 질 좋은 가방, 휴대폰, 성능 좋은 노트북, 질 좋은 펜, 카탈로그 그리고 필요에 따라 제품 샘플 등은 단정한 옷차림과 함께 중요한 역할을 한다.

◆ 기술영업 전문가의 윤리

　기본적으로 기술영업 전문가는 매출 증대에 기여하는 것이 가장 큰 업무와 역할이지만 매출에만 집중하다 보면 윤리를 등한시할 수 있기에 기술영업 전문가의 윤리는 기술영업 전문가로서 지켜야 할 규범이다. 따라서 모든 기술영업 전문가는 기본적인 윤리를 준수하여 고객의 신뢰를 얻고 사회에 이바지해야 한다. 기술영업 전문가는 업무를 수행할 때 진실성의 원칙, 공정성의 원칙, 투명성의 원칙, 책임 및 비밀유지의 원칙, 규정준수의 원칙 등 윤리를 준수할 수 있도록 해야 한다.

3장

기술영업 전문가의
자질과 역할

3장 기술영업 전문가의 자질과 역할

1. 기술영업 전문가의 자질

 기술영업 전문가는 고객을 만났을 땐 개인이 아닌 회사를 대표하고 기업의 매출과 이익 창출을 책임지는 중요한 역할을 수행하기 때문에 기술영업 전문가의 자질과 능력에 따라 기업의 경쟁력에 직결된다고 봐야 한다.

 기술영업 전문가의 자질은 크게 두 가지로 나눌 수 있는데, 자기 스스로 노력하여 자기계발을 통한 전문적인 자질과 선천적으로 타고나는 성격적인 자질이다. 그러나 앞에서도 살펴봤듯이 선천적으로 타고난 성격적인 자질이 있는 기술영업 전문가는 자만하지 않고 자기 스스로 기본과 신뢰를 지키면서 잘할 수 있다는 신념과 잘할 수 있는 기술 영업 분야를 맡아서 전문적인 자질을 지속적으로 함양해야 한다. 그렇게 되어 업무에 적절한 커뮤니케이션과 업무지시를 받는다면 훌륭한 기술영업 전문가로 성장할 수 있을 것이다.

기술영업 전문가가 회사를 대표해 기업의 매출과 이익을 창출하는데 필요한 자질은 다음과 같다.

첫째, 고객을 설득할 수 있도록 자사 제품과 서비스뿐만 아니라 관계된 기술과 시장에 대한 높은 지식과 이해도를 갖춘 '전문성'이다.

둘째, 고객과 원활한 의사소통, 제품 설명이 가능한 커뮤니케이션 능력과 어려움을 극복하고 목표를 달성하기 위한 '성실성'이다.

셋째, 고객의 요구를 경청하고 충족시킬 수 있는 고객 중심 사고와 제품이나 서비스의 판매를 통해 매출을 창출할 수 있는 '영업능력'이다.

넷째, 예상치 못한 다양한 문제를 조율하고 해결할 수 있는 협업능력과 '문제해결 능력'이다.

그리고 마지막으로 기술영업 전문가에게 아무리 강조해도 지나치지 않는 '협상 능력'인데 가장 중요한 항목이라 기술영업 전문가의 능력인 역할과 함께 별도로 설명하려 한다.

제품과 서비스에 대한 기술을 이해하고 설명할 수 있는 '전문성'을 키우자

기술영업 전문가는 기술을 기반으로 하는 제품이나 서비스를 판매하는 전문가이면서 고객과 만났을 땐 회사를 대표하는 사람이다. 그러므로 기술영업 전문가의 기술에 대한 전문성은 기술영업 활동의 성공 여부를 결정하는 중요한 영업자질이다.

기술영업 전문가의 전문성 자질은 크게 기술지식과 적용능력으로 구분할 수 있다. 기술지식은 기술영업 전문가가 갖추어야 할 기본적인 전문성이며, 기술적용 능력은 기술영업 전문가가 습득한 기술지식을 활용해 고객의 요구를 충족시킬 수 있는 솔루션을 제안하는 능력으로 보면 된다.

기술영업 전문가는 자사 제품과 서비스에 대한 기술을 이해하고 관련 기술 트렌드에 대한 이해와 고객의 산업에 대한 이해도 필요하다.

기술영업 전문가의 기술적인 전문성을 높이기 위해서는 자사 공장을 방문해 현장실습을 받을 것을 추천하며, 관계된 산업현장에서 실무 경험을 쌓는 것도 방법일 것이다. 또한 기술 관련 학회나 세미나에 참여하여 최신 기술 트렌드를 파악하고 기술교육 및 훈련을 통해 지식을 쌓기를 권한다.

기술적용 자질은 기술영업 전문가가 기술지식을 이해하고 습득한 지식을 바탕으로 고객의 요구를 충족시킬 수 있는 솔루션을 제안하는 능력이다. 기술적용 능력에는 고객이 요구한 사양과 내용을 분석하는 능력, 고객이 요구한 사양에 대한 기술적인 문제를 해결할 수 있는 능력으로 나뉘는데 이를 바탕으로 고객의 요구를 정확히 파악하고 충족시킬 수 있는 솔루션을 제공할 수 있어야 고객의 신뢰를 얻어 기술영업 전문가의 최종 목표인 매출과 이익을 창출할 수 있다. 특히 기술영업 전문가는 해당 기술이 빠르게 변화하는 환경에서 근무하는 경우가 많아 지속적으로 기술지식을 업데이트하고 기술적용 능력을 향상하는 노력이 필요하다.

말 한마디에 천 냥 빚을 갚을 '커뮤니케이션 능력'을 키우자

기술영업 전문가가 성과를 내기 위해서는 기본적으로 자사 제품이나 서비스에 대한 전문지식을 충분히 습득하는 것이 우선이다. 이렇게 전문지식을 습득한 기술영업 전문가는 고객에게 자사 제품과 서비스의 특징 그리고 장점을 잘 설명하고 설득해 고객이 자사 제품과 서비스를 구매하기 위한 의사결정에 도움을 주는 데 목적이 있다고 하겠다. 이렇듯 커뮤니케이션 능력은 영업실적을 좌우하는 기술영업 전문가의 중요한 자질 중의 하나이다.

그렇다면 기술영업 전문가의 커뮤니케이션 능력은 어떻게 만들어가야 하는지와 어떻게 해야 하는지가 중요할 것이다. 커뮤니케이션 능력 배양을 위한 두 가지 의문에 대한 해답은 속담인 '말 한마디에 천 냥 빚을 갚는다.'에 모두 함축돼 있다고 볼 수 있다. 이 속담은 말의 소중함을 일깨워주려는 속뜻과 커뮤니케이션은 말하기보다 경청과 상대방을 공감해 주는 것이 더 중요하다는 것을 내포하고 있다고 봐야 한다.

앞에서 '기술영업 전문가의 자세와 윤리'를 서술하면서 신은경 아나운서가 쓴 《홀리 스피치》를 인용해 "말하기의 기본은 듣기다. 잘 듣는다는 것은 귀뿐만 아니라 눈빛으로, 온몸으로 듣는 것"이라 하였는데, 기술영업 전문가들이 잘 새겨듣고 명심해야 할 중요한 문구이다.

이와 반대로 오승헌 작가가 쓴 《말이 세상을 아프게 한다》란 책에선 "말은 한 자루의 칼이 되어 사람을 벱니다. 칼이 되어 베기도 하고, 더러 비수가 되어 가슴에 꽂히기도 하죠."란 문구가 있는데, 경청을 잊고 자기주장과 얘기만 하다 보면 실수를 할 수 있고 두서가 없는 이야기로 흘러갈 가능성이 커져 더더욱 경청이 중요하다고 할 수 있다.

그렇다면 고객과 커뮤니케이션은 어떻게 해야 하는지가 관건인데, 상황이나 커뮤니케이션 방법, 즉 전화, 메일, 문자와 같은 SNS 등에 따라 다를 수 있어 하나씩 살펴보기로 하자.

커뮤니케이션이란 국어사전을 살펴보면 '언어나 몸짓, 기호 따위 수단을 통해 서로의 의사나 감정, 생각을 주고받는 일'이라고 설명하고 있다.

기술영업 전문가에게 필요한 커뮤니케이션 능력은 고객을 만났을 때 우선 고객의 말과 요구 및 불만 사항에 대해 경청하는 것인데, 경청하기 위해선 우선 고객이 말을 하게 이끌어 가야 한다. 그렇다고 일 얘기로 시작해서 일 얘기로 끝난다면 식상하기도 하지만 분위기가 딱딱해지기가 쉽고 그리 오래 대화하기도 어려우며, 관계 형성에도 큰 도움이 되지 않을 수도 있다.

고객을 만났을 때 원활한 커뮤니케이션을 위해서는 상담시간을 정해 놓는 것이 좋으며, 우선 일 얘기보단 인사와 통성명이 끝난 후에는 상황에 따라 적절한 방식을 선택하는 것이 중요하다. 고객이 시간적인 여유가 없다면 고객의 니즈와 요구 사항을 파악하고, 고객에게 필요한 정보를 제공하거나 도움을 줄 수 있으면 좋으나, 그렇지 못하다면 다음 만남을 기약하는 것이 좋을 것이다. 이와 반대로 고객이 시간적인 여유가 있다면 고객의 니즈와 요구 사항을 잘 파악하고, 고객에게 필요한 정보를 제공하는 데 집중하면서 자연스럽게 서로의 프라이버시를 침해하지 않는 범위 내에서 취미나 관심사 등 자신에 관한 이야기로 끌어가는 것도 방법일 것이다. 그렇다고 지나친 사생활이나 자기 이야기만 한다면 역효과를 초래할 수 있으니 조심해야 한다. 그리고 고객과 신뢰 관계가 형성됐을 땐 간혹 기술영업 전문가 자신의 이야기를 하게 되는데, 자신의 이야기를 할 때는 시사를 비롯해 최신 연예 정보 및 스포츠 정보 등 다양한 정보를 기본적으로 습득하고 있어야 한다. 심지어 잡지식도 도움이 될 수 있으니 참조하기 바란다.

고객 전화 응대는 기업의 이미지와 만족도에 큰 영향을 미치는 중요한 커뮤니케이션 방법 가운데 하나면서 상호 갑작스러운 용건을 전달하는 데 가장 쉬운 도구이다. 상황에 따라 전화 응대는 고객과 첫 만남이자 첫인상을 좌우할 수 있다. 그러므로 고객으로부터 부재중 전화가 왔을 땐 5분 내로 상대방에게 전화해 확인하고, 전화로 요청을 받은 사항은 메모했다가 고객이 기다리지 않도록 빠른 시일 내 또는 원하는 시간에 맞춰 고객에게 회신하도록 하는 것을 습관화하자. 전화 응대는 고객의 니즈나 요구 사항을 파악하고 불만이나 문제를 해결하는 중요한 역할을 하기 때문에 전화 예절을 잘 지키는 것이 기업의 경쟁력 강화를 위한 필수적인 요소라 할 수 있다. 그러기 위해서는 고객과 통화 시 밝은 목소리로 친절하고 정중한 태도를 보이고, 빠르고 정확한 응대를 하며, 적절한 톤과 용어를 사용하고, 고객의 개인정보를 보호하는 것이 중요하다.

고객을 메일(e-mail)로 응대할 때는 고객으로부터 메일을 접수했을 시 어떠한 메일 내용이라도 기본적으로 고객이 기다리지 않도록 빠른 시일 내 또는 원하는 시간에 맞춰 고객에게 회신하도록 하는 것을 습관화하자. 메일은 시간 제약이 없이 정보를 제공할 수 있으며 기록이 남는다는 커뮤니케이션 장점이 있다. 메일은 제목만 보더라도 무슨 내용인지 알 수 있어야 하며, 메일을 쓸 때 상대방의 회사명은 정식 명칭을 써야 하며, 담당자의 이름과 직책 또한 틀리지 말아야 하며, 내용은 고객이 이해하기 쉽고 명확하면서 간결하게 쓰는 것이 좋다. 특히 메일 하단엔 기술영업 전문가의 회사명, 부서, 이름, 회사 주소, 전화번호, 이메일 주소 등을 기재하는 것이 좋다.

고객을 SNS(문자, 카카오톡 등)를 활용해 응대할 때는 문자와 카카오톡은 모두 개인 간 또는 그룹 간 의사소통을 위한 메신저로 각각의 특징과 용도가 다르다고 볼 수 있다. SNS는 개인정보 유출 위험이 커 주의를 요한다. 문자, 카카오톡은 모두 현대사회에서 중요한 의사소통 수단으로 기술영업 전문가가 상황에 맞는 에티켓을 지키고 효과적으로 사용한다면 고객과의 소통을 강화하고, 영업활동의 효율성을 높일 수 있을 것이다.

그러나 이러한 영업수단을 통해 영업활동을 수행할 때는 기본적으로 회사의 정책과 규정을 준수하고, 회사의 이미지에 손상을 줄 수 있는 내용을 게시해서는 안 된다.

기술영업 전문가가 고객을 만났을 때나 전화, 메일, 문자 등을 활용할 때 가장 중요한 사항은 고객 중심의 사고를 바탕으로 고객의 의견을 경청하고 고객과 신뢰를 쌓을 수 있는 커뮤니케이션 능력이 필요하고, 사소한 것이라도 감사하는 것을 잊지 말아야 한다.

'성실성'은 모든 일에 있어 최선의 길이다

레이 크록(Ray Kroc)의 자서전《사업을 한다는 것》을 다시 인용하자면, 레이 크록이 맥도널드 프랜차이즈 사업을 하기 전에 영업 전문가로 직장생활 할 때 회사 대표와 언쟁을 서술한 부분에서 "나를 팔아야 물건도 팔 수 있다." 그리고 "고객을 보호하려는 내 고집 때문이었다."란 문장을 읽고 같은 영업 전문가로서 격하게 공감할 수 있었다. 이렇게 기술영업 전문가의 성실성은 고객의 요구와 문제를 정확히 파악해 최선을 다해 해결하기 위한 노력과 고객을 상대로 신뢰를 쌓는 것을 의미하고, 고객의 가치를 위해 고객의 소중한 정보와 비밀들을 보호해 신의를 지키는 것도 포함된다. 다시 말해 기술영업 전문가가 성실성을 바탕으로 고객과의 신뢰 관계를 형성했다는 것은 기술영업 전문가를 믿고 제품이나 서비스를 구매할 수 있는 단계까지 고객과의 관계가 향상돼 있다고 봐야 한다. 그래서 기술영업 전문가의 성실성은 기술영업 전문가가 업무를 수행하면서 신의를 가지고 최선을 다하고, 책임감 있게 임하는 태도와 고객의 만족도를 높이고, 고객과 장기적인 비즈니스 관계를 구축하는 데 필수적인 요소로 다음과 같은 노력과 실천이 필요하다.

고객에게 성실성을 인정받기 위해서는 우선 고객을 기다리게 하지 말아야 한다.

소비자 마케팅 용어로 'MoT(Moment of Truth)'라는 문구가 있는데, 이는 고객과의 커뮤니케이션 및 제품이 전달돼 사용 후에도 지속되는 신뢰와 믿음의 접점이라고 봐야 한다. 고객을 기다리게 하는 것은 고객의 시간을 소중히 여기지 않는 것으로 비칠 수 있으며, 고객의 불만을 유발할 수 있다. 기술영업 전문가는 영업에 필요한 자료는 미리 준비하고 약속 시간보다 미리 도착하여 약속시간을 지켜 고객의 시간을 존중하는 태도와 고객의 시간을 낭비하지 않게 하는 것이 중요하다.

실적이 좋은 기술영업 전문가는 항상 책상을 깨끗이 정리한다.

필자가 기술영업을 배우고 시작할 때 회사 내부업무와 영업을 병행해 배우다 보니 책상 위에는 항상 서류들과 볼펜 등으로 지저분하고 서랍과 서류 보관함 캐비닛도 서류들을 아무렇게나 놓다 보니 어떤 서류가 어디에 있는지 몰라 찾는 데 시간을 많이 소비하는 경우가 잦았던 기억이 있다.

평상시 일과 시간엔 책상을 정리하기가 어려우므로 퇴근 시 정리하길 추천하며, 기술영업 전문가는 외근이 잦아 고객사에서 바로 퇴근하는 때도 있을 수 있으니 외근 나가기 전에 책상을 정리하길 바란다. 책상을 깨끗하게 정리하는 일은 기술영업 전문가나 일반직 모두 해당된다고 봐야 하는데, 업무를 효율적으로 보기 위해서라도 외근 시나 퇴근 시 책상 위나 서랍 그리고 캐비닛을 정리 정돈하고 책상 위는 티슈로 깨끗이 닦아야 한다. 책상이 정리돼 있으면 필요한 서류나 물건을 쉽게 찾을 수 있어 업무 효율성을 높이고, 직장동료들에게도 좋은 인상을 심어줄 뿐만 아니라 정신적으로 안정감을 느끼고 업무에 집중할 수 있을 것이다.

고객 중심 사고를 최우선으로 하여 '영업능력'을 키우자

고객 중심 사고는 기업이나 조직이 모든 의사결정과 활동을 고객의 요구와 만족에 최우선으로 고려하고, 고객의 소중한 정보와 비밀을 보호해 신의를 지키는 사고방식이다. 기술영업 전문가는 고객을 위해 존재한다고 생각하고, 고객이 있어야 나와 기업이 존재한다는 것을 인지하면서 고객의 만족에 최우선으로 한다는 '고객 중심 사고'로 고객의 요구를 충족시키기 위해 최선을 다해야 한다. 고객의 요구를 충족시키기 위해 최선을 다한다는 것은 고객의 목소리에 귀 기울이고, 고객의 의견을 수렴해 고객의 니즈를 파악하고, 자사 제품과 서비스를 개선해 고객과 함께 발전해 가는 것이다.

고객 만족도를 향상시키자.

고객 중심 사고는 고객의 요구와 만족을 최우선으로 고려하기 때문에 기술영업 전문가는 고객의 요구와 만족에 대한 이해가 우선해야 한다. 고객의 요구와 만족을 파악하기 위해서는 다양한 커뮤니케이션 방법을 통해야 하지만, 무엇보다도 고객이 원하는 방법으로 접근해 고객의 목소리를 듣는 것이 중요하다.

기술영업 전문가가 고객의 요구와 만족을 파악한 후에는 제품이나 서비스 개발, 마케팅, 고객 서비스 부서 등 모든 분야에 전달해 고객 중심의 사고를 적용해야 한다.

기술영업 전문가의 고객 중심 사고는 고객을 위한 습관이다.

필자의 경험으로 고객 중심 사고에서 가장 힘들고 어려웠던 부분이 고객의 불만이 발생하면 신속하게 대응하고 처리하는 것이었다. 제품이나 서비스의 문제, 고장으로 인한 고객의 불만을 접수하면 신속하게 해결해야만 고객의 불만을 최소화하고 만족도를 향상할 수 있다는 것을 알면서도 혼자 힘으로는 불가능한 일들이 많아 신속하게 문제해결을 하지 못했던 경우도 간혹 있었다.

고객으로부터 다양한 요구나 문제를 접수했을 때는 신속한 처리를 위해 내외부 관련 부서 인력과 소통하면서 업무를 조율할 수 있는 협업능력과 문제해결 능력이 필요하므로 고객 중심의 조직문화 조성에도 힘써야 한다.

협업을 통해 '문제해결 능력'을 키우자

기술영업 전문가는 종종 복잡한 문제에 직면하게 되는데 이를 해결하고 고객의 요구에 부응하는 솔루션을 찾을 수 있는 능력도 필요다. 하지만 기술영업을 하다 보면 문제해결을 위해 관련된 부서 인력의 도움이 필요할 때가 비일비재하다. 이렇게 고객으로부터 복잡한 요구사항이나 문제를 접수했을 시 혼자 힘으로 해결을 못 할 문제라면 관련된 기술지원팀, A/S팀 그리고 마케팅팀들과 소통하면서 업무를 조율할 수 있는 협업능력이 절대적으로 필요하다. 어찌 보면 기술영업 전문가에게 가장 어렵고 힘들어하는 업무가 협업과 문제해결 능력으로 봐야 할 것이다.

이렇게 기술영업 전문가는 영업적으로 내부 직원이나 외부 전문가와 협업하여 제품이나 서비스의 개발과 판매를 진행해야 하는데, 이는 곧 기술영업 전문가 누구나 겪는 일로 판매된 제품이나 서비스에서 종종 문제가 발생할 수 있음을 미리 숙지하여야 할 것이다.

고객으로부터 제품이나 서비스에 대한 문제를 접수했을 때는 우선 신속한 대응이 필수인데 문제를 해결하기 위한 창의적인 사고와 행동이 필요하다.

문제해결을 위해서는 첫 번째 단계로 고객이 사용 중인 제품이나 서비스의 이름과 사양을 파악해 문제의 원인과 영향을 이해하고 문제를 인식해야 하며, 두 번째 단계는 고객 문제의 구체적인 내용과 관련 요소 및 해결방법을 분석해야 하고, 세 번째 단계로 가능한 해결방법을 모색해야 하며, 마지막 네 번째 단계로 모색한 해결방법이 실현 가능성과 효과성이 있는지 그리고 비용 등을 고려하여 해결방법을 선택해야 한다. 이러한 일련의 문제해결 단계들은 기술영업 전문가가 기술적인 이해력이나 기술적인 전문지식이 있더라도 혼자 힘으로 해결하기란 어려움이 따르게 돼 있어 관련 부서들과 협업체계를 관리할 수 있도록 절차 등을 매뉴얼화하는 것이 좋다.

이렇게 관련 부서들과 협업체계와 절차를 매뉴얼화해놓으면 고객으로부터 제품이나 서비스의 기술지원 또는 문제나 고장 등 불만을 접수했을 때 기술영업 전문가는 우왕좌왕할 필요 없이 작성된 매뉴얼에 따라 해당 문제를 신속하게 해결할 수 있을 것이다. 그렇지만 많은 현장업무나 기술영업은 규격화된 것 없이 상황에 따라 다양하게 나타날 수 있어서 기술영업 전문가는 기술적인 이해도와 전문성을 갖추는 것도 중요하지만, 문제해결을 위한 내외부 인력, 전문가들과 소통하면서 직접 업무를 조율하는 협업능력이 필요하다. 따라서 관련 부서 인원과 고객 간 친분을 쌓으며 신뢰 형성에도 노력할 수 필요가 있다.

다음은 간단하지만, 일상생활이나 업무를 볼 때 활용했던 필자만의 문제 파악과 해결을 위한 '제안 5단법'이다. 질문 항목당 생각나는 대로 한 가지 이상 찾아 기재하고 점수화하다 보면 적합한 방법과 절차를 찾거나 인지할 수 있다. 의사결정을 위한 방법은 뒤에 '의사결정 5단법'도 설명했으니 필요할 때 활용해 보면 유용할 듯하다.

번호	'제안 5단법' 항목	문제점 또는 제안 (각각 항목에 생각나는 대로 한 가지 이상 적자)	중요도 점수 (1~10)
1	(1) 필요한 것은?	예) 영업용 차량 구입 건	4
2	(2) 고쳐야 하는 것은?	예) 비효율적인 ERP 입력항목과 업무 프로세스 교체 건	8
3	(3) 바꿔야 하는 것은?	예) 소통 부족과 무능한 지사장 교체 건	7
4	(4) 없애야 하는 것은?	예) 일일 영업 보고 회의 폐지 건	10
5	(5) 추가해야 하는 것은?	예) 기술영업팀에 영업 지원 직원 1명 채용 건	5
공통	'제안 5단법'에서 제안된 내용 중에 항목 4번 '일일 영업 보고 회의'는 최고 점수 10점을 획득한 관계로 즉각적으로 폐지하는 것이 맞으며, 즉각적인 의사결정 도출이 어려운 항목은 뒤에 제시한 '의사결정 5단법'을 활용하면 된다.		

2. 기술영업 전문가의 역할

이 책에서 지속해서 반복되는 이야기지만, 기술영업 전문가는 자사 제품이나 서비스의 기술적인 특성과 고객의 요구를 이해하고, 이를 바탕으로 고객에게 적합한 솔루션을 제공하거나 문제를 해결하는 일련의 모든 영업활동을 수행하는 전문가이다.

기술영업 전문가의 가장 중요한 핵심 역할은 자기가 속한 회사의 매출과 수익을 창출하는 데 있지만, 그렇다고 고객의 입장을 고려하지 않고 자신의 이익과 자기가 속한 회사의 입장만을 먼저 생각한다면 고객의 신뢰를 잃을 수 있다. 기술영업 전문가는 항상 모든 업무에서 자기가 속한 회사와 고객의 입장에서 생각하고 진심 어린 마음으로 업무 처리를 하길 바란다.

기술영업 전문가는 고객 발굴과 관리에 최선을 다하자

기술영업 전문가는 앞에서 살펴본 기술영업 전문가의 자질을 지속적으로 연마해 기존 고객과 관계를 잘 유지하는 것도 중요하지만, 다양한 방법을 통해 신규고객이나 잠재고객을 발굴하고 관리하여 지속해서 관계를 유지하는 것이 중요하다.

필자의 경험에 의하면 잠재고객이나 신규고객을 발굴하기란 그리 녹록지 못한 것이 현실이라 대부분의 기술영업 전문가는 기존 고객관리에 안주하려는 마음이 강한 것이 사실이다. 그러나 기술영업 전문가 자신과 회사의 발전을 위해서는 신규고객과 잠재고객을 발굴하는 데 양보가 있을 수 없기에 힘들고 시간이 많이 투입되더라도 시장조사, 전시회, 세미나, 웹사이트 등을 통해 신규고객과 잠재고객을 발굴하는 데 게을리해서는 안 된다.

기술영업 전문가의 고객관리는 기본적으로 기존 고객과의 관계를 잘 유지하고, 지속해서 고객을 방문하고 연락을 취해 고객에게 유용한 정보를 제공하는 한편, 고객의 관심사와 요구 사항을 미리 파악하고 숨겨진 문제를 찾아 해결책을 제시하거나 솔루션을 제안해 고객 관계유지는 물론이고 추가적인 구매 유도까지 달성해 가는 것이라 할 수 있다. 이를 위해서는 고객이 사용하는 자사 제품뿐만 아니라 가능하다면 경쟁사 제품에 대한 상태도 파악해 상황에 맞는 솔루션을 제안하는 한편, 최근 기술과 시장 동향을 파악해 지속적으로 자사 제품을 개선하는 데 도움을 줘야 한다. 그리고 틀에 박힌 이야기이면서 자꾸 강조하고 있는 내용이지만, 기술영업 전문가는 고객의 요구 사항과 문제점을 파악해 해결하면서 자사 제품이나 서비스의 새로운 기능과 특징 및 장점 등을 제공해 고객의 만족도를 높여 재구매율을 높일 수 있어야 한다.

시장을 이해하고 시장조사에 최선을 다하자

기술영업 전문가가 자사 제품이나 서비스의 특성을 이해하는 것은 기본이다. 따라서 자기가 속해 있는 시장에 대한 조사 및 분석을 통해 시장의 동향과 고객의 요구를 파악해 고객에게 적합한 제품이나 솔루션을 제공할 수 있어야 한다.

기술영업 전문가는 자신이 속해 있는 시장의 규모, 성장률, 경쟁 환경 등을 파악해 시장의 기회와 위협을 파악하고 대응 전략을 수립할 수 있도록 우선 시장 동향을 파악해야 한다.

기술영업 전문가는 고객의 요구, 니즈, 불만이나 기대 등을 파악해 고객에게 솔루션을 제공할 수 있도록 정확히 고객의 요구를 파악하고, 이렇게 파악된 고객의 요구나 니즈 및 불만은 자사 제품이나 서비스 개발 과정에 참여하여 제품 및 서비스의 기술적인 특징과 장점을 파악하고 해당 제품의 품질을 향상하는 데도 도움을 줄 수 있어야 한다.

기술영업 전문가의 경쟁사 조사 및 분석은 기술영업 전문가로 성공하는 데 필수적인 요소임에도 등한시하는 경우가 종종 있어 놀라는 경우가 많다. 기술영업 전문가는 경쟁사 조사 및 분석을 통해 경쟁업체의 강점과 약점을 미리 파악해야 경쟁 우위를 확보할 수 있다는 것을 명심해야 한다.

경쟁사 조사 및 분석은 우선 경쟁사 목록을 작성하고, 경쟁사 정보인 경쟁사의 제품과 서비스, 경쟁사의 마케팅전략, 경쟁사의 영업전략, 경쟁사의 재무상황, 경쟁사의 시장 점유율 그리고 경쟁사 제품과 서비스의 장점과 단점을 지속해서 파악하는 것이 필요하다.

기술영업 전문가는 이러한 시장 동향과 고객의 요구 그리고 경쟁사 정보를 파악함으로써 각각 고객 상황에 맞는 제품과 솔루션을 제공하기 위한 영업전략을 수립할 수 있게 된다.

고객을 위한 제안서 작성 제출 및 발표에 최선을 다하자

기술영업 전문가는 고객의 요청이나 요구를 파악해 고객의 사양에 적합한 자사 제품이나 서비스에 대해 최적의 제안서 또는 견적서를 작성해 고객에게 제출하거나 발표해야 한다. 이러한 제안서 작성 및 발표는 기술영업 전문가의 역량이 가장 잘 드러나는 부분이기도 하다.

제안서 또는 견적서는 고객에게 자사 제품이나 서비스의 구매를 제안하기 위한 문서로, 제안서는 고객이 요구한 사양에 충족시킬 수 있는 제품이나 서비스를 포함한 솔루션을 제시해야 경쟁 우위를 차지할 수 있다.

기본적으로 제안서의 내용은 자사 제품이나 서비스에 대한 사양과 가격 및 수량 그리고 공급범위 등이 명확하게 제시돼 있어야만 고객이 검토하고 이해하기 쉽다. 따라서 제안서는 제안서 내용을 토대로 구매 의사를 결정하는 데 도움을 줄 수 있도록 작성돼야 한다.

제안서 발표 방법은 발표 대상 고객, 발표 장소, 발표 시간 등을 고려해 선택하는 것이 좋으며, 발표 방법을 효과적으로 활용하면 고객의 관심을 끌고 발표 내용을 효과적으로 전달할 수 있다.

그리고 고객 앞에서 발표는 누구나 긴장되고 떨리는 일이기에 고객

에게 발표 전까지 연습과 피드백을 통해 충분한 연습이 필요하며 발표
하는 자세와 표정 그리고 목소리의 크기 및 속도 등을 적절하게 조절
해야 한다.

그러나 요즘은 제안서 제출방법이 공정거래법 준수 및 부정부패 방
지 등의 명목과 편의를 위해 이메일 접수와 전자구매시스템(E-bid-
ding System) 형태로 전환되고 있어 제안서 발표는 큰 입찰이 아니
고는 지양되는 추세이다.

아무리 제안서 발표가 지양되는 추세라고는 하나, 제안서 작성과 제
출은 기술영업 전문가의 역할 중 직접적인 판매서류로 가장 많이 신경
을 써야 한다. 그렇기 때문에 기술영업 전문가는, 실전이 아니더라도
고객사에 제공할 제품이나 서비스의 종류, 사양, 가격 등을 제안서에
상세히 기록해 줘야 하므로 샘플을 활용해 틈틈이 제안서를 작성해 보
는 것이 좋다.

기술영업 전문가는 계약체결인 성과로 말한다

기술영업 전문가는 앞에서 살펴본 바와 같이 자신이 속해 있는 시장
조사와 분석을 통해 시장의 동향을 파악해 영업전략을 수립하고, 자주
고객사를 방문하고, 긴밀한 소통을 통해 긍정적이고 친밀한 고객관계
를 형성해 고객의 요구를 정확히 파악해야 한다. 이렇게 고객의 요구
사항을 파악한 후에는 최우선으로 고객의 요구를 고려해 충족시킬 수

있는 제품이나 솔루션을 제안해 계약을 성사시키는 것이 기술영업 전문가의 최종 역할이자 목표이다.

기술영업이든 일반영업이든 고객이 요청한 사양에 제안서를 제출했다고 하루아침에 경쟁 우위에 위치하기란 쉽지 않다. 물론 품질이나 기술력 그리고 가격으로 월등히 경쟁력이 있을 경우는 제안서를 제출한 시점부터 영업을 시작하더라도 성공 확률을 높이는 경우는 현장에서 간혹 목격하는 예도 있기는 하지만, 품질과 기술력 면에서 좋은 제품이나 서비스에서 가격까지 경쟁력이 있는 경우는 극히 드문 일이다.

지속적으로 이야기하지만, 기술영업은 장기전에 속하는 업무영역이며 고객의 합리적인 마음을 얻어야만 성공적인 영업으로 귀결되는 일이라 할 수 있다. 하루아침에 기술영업 전문가의 영업능력이 향상되거나 영업에서 가장 중요한 영역인 고객과의 유대관계가 며칠 만에 형성되기란 어렵다고 봐야 한다. 물론 상황에 따라 고객이 직속 선후배 관계인 학연이거나 친척 또는 이전부터 알고 지내던 지인이라면 가능할 수도 있지만, 극히 드문 일이다.

그렇기 때문에 기술영업 전문가가 고급정보를 취득하기란 쉽지 않은 일로 지속적인 방문과 연락 그리고 계속된 만남을 통해 친분을 쌓은 다음에나 고급정보를 받을 확률이 높아질 수 있다. 따라서 고객과 관계 형성을 위해 장기적으로 노력하길 바란다.

현업에 있을 때 자주 듣고 하던 말 중에 "기술영업 전문가는 성과로 말한다."라는 직선적인 말이 있는데, 이는 기술영업 전문가면 당연히 누구나 들어야 하고 감당해야 할 표현으로, 회사에서 기술영업 전문가가 존재하는 이유라 할 수 있다.

기술영업 전문가가 성과를 내기 위해서는 앞에서 살펴본 기술영업 전문가의 자세와 자질을 익히고, 상황에 맞게 개선하고, 새로운 기술 지식을 배우려는 자세와 자신감도 우선 필요하다고 본다.

기술영업은 어떻게 보면 농부의 삶과 같아 농부가 봄에 밭을 갈고 씨앗을 뿌려 가을에 수확의 기쁨을 느끼듯 기술영업 전문가도 비슷한 삶을 살아간다고 할 수 있다. 기술영업 전문가도 고객과 자주 연락하고 지속해서 방문하다 보면 고객과 친해지고 신뢰 관계로까지 발전하여 친밀한 의사소통을 통해 고객의 요구와 고급정보를 선제적으로 취득할 수 있게 될 것이다. 이렇게 취득한 정보를 활용해 고객의 요구에 충족할 최적의 제품과 솔루션을 제안한다면 좋은 결과로 이어질 확률이 높아 성과로 말하는 당당한 기술영업 전문가가 될 것이라 확신한다.

기술영업 전문가가 장기적으로 고객을 방문하고 고객과 긴밀히 소통하면서 고객과 긍정적인 관계가 형성돼 있다면, 고객의 입장에서는 여러 업체로부터 제안서를 받아 보더라도 고객도 사람인지라 자기와 친분이 있는 업체에 조금은 더 신경을 쓰게 될 수 있다. 물론 시대가 바뀌어서 공정거래법에 위배되지 않는 범위 내에서 신경을 써줄 수 있으리라 의심치 않는다. 그도 그럴 것이 고객의 문제에 귀담아주고 해결해 주려는 노력과 좋은 제품과 서비스를 가지고 한 번이라도 더 찾아가고, 한 번이라도 더 연락한 영업 전문가에게 법 테두리 안에서 신경을 써 주는 것이 공정이라 기대하는 것이 영업인의 마음일 것이다.

마지막으로 "기술영업 전문가는 성과로 말한다."라는 말을 마음속 깊이 간직하고, 오랜 시간이 걸리더라도 고객과 긍정적이고 친밀한 관계 형성을 만들어가는 데 집중하길 바란다. 이런 신뢰를 바탕으로 형성된 긍정적이고 친밀한 관계를 기반으로 고객의 요구 사항에 맞게 경쟁력 있는 최적의 제안서를 제출하고, 제출된 제안서의 가격이 경쟁사보다 매우 높지만 않다면 협상 능력을 통해 충분히 고객과 계약을 체결해 성공적인 성과를 올릴 수 있을 것이다. 이런 일련의 일들을 관리하는 것이 기술영업 전문가의 최종 역할이다.

'사후관리'도 중요한 영업의 일종, 기술영업 전문가의 역할이다

계약을 체결한 후에도 고객과 관계를 유지하고 제품이나 서비스의 효율적인 사용을 지원하는 사후관리도 기술영업 전문가의 중요한 역할 중 하나이다. 사후관리의 장점은 고객이 사용 중인 제품이나 서비스의 수리를 요할 때 애프터서비스팀(After-Service Team)과 기술팀 등의 도움을 받아 문제점을 해결하면서 추가로 수리, 교환, 교육, 소모품 판매 등의 유지 보수 비용을 발생시켜 추가적인 매출을 끌어낼 수 있다는 점이다. 또한 사후관리를 통해 고객의 제품이나 서비스의 품질을 유지하고 효율적이면서 안전하게 사용할 수 있도록 지원해줘 고객의 만족도를 높이고 재구매를 유도할 수 있다.

사후관리에서 가장 중요한 것은 고객이 사용 중인 제품이나 서비스의 고장 또는 이상 발생 시 신속하게 해결하고, 고객이 해당 제품이나 서비스를 안전하고 효율적으로 사용할 수 있도록 도울 수 있어야 한다. 이렇게 고객의 요구를 충족시킬 수 있도록 신속하게 조처를 한다면 고객의 구전마케팅[9]으로 주변 고객들에게 전달돼 신규고객도 쉽게 유입시킬 수 있으며, 계약해지나 고객 이탈을 방지해 영업비용을 절감할 수 있다. 그리고 사후관리 목적으로 고객을 정기적으로 방문해 제품도 점검하고 최근 시장 동향 및 기술정보를 제공한다면 자연스럽게 고객관리 및 관계 형성에 큰 도움이 될 것이다.

3. 기술영업 전문가의 협상 능력

'협상'이란 무엇일까?

협상의 정의는 학자마다 다르게 정의할 수 있으나, 간단히 말하자면

---

9) 구전 마케팅(Word-of-Mouth Marketing, WOMM) 또는 구전 광고(Word of Mouth Advertising)는 돈을 지급하지 않고 말 또는 글로 홍보를 하는 것을 가리킨다.

협상은 두 사람 이상의 당사자가 서로의 이해관계가 상충하는 상황에서 합의를 도출하기 위한 의사소통 과정이라 정의할 수 있으며, 양측의 기대치를 모두 충족시키는 원만한 결과를 도출했을 때 성공적인 협상이라 정의할 수 있을 것이다.

하버드대학교 경영대학원의 교수이자 협상 연구의 세계적인 석학인 리차드 쉘(Richard Shell)은 "협상이란 자신이 협상 상대로부터 무엇을 얻고자 하거나 상대가 자신으로부터 무엇을 얻고자 할 때 발생하는 상호작용적인 의사소통 과정이다."라고 정의하는 반면, 하버드대학교 경영대학원 교수이자 협상 연구의 세계적인 석학인 리차드 모란(Richard Moran)과 피터 해리스(Peter Harris)는 "협상이란 상호이익이 되는 합의에 도달하기 위해 둘 또는 그 이상의 당사자가 상호작용을 하여 갈등과 의견의 차이를 축소 또는 해소시키는 과정이다."라고 정의하고 있다.

이러한 협상은 국제간 협상이나 회사 간 협상과 같이 거창한 것만이 아닌 우리의 가족, 친구 그리고 이웃과 함께 살아가면서 일상 속 일련의 일과가 모두 협상의 연속이기 때문에 협상이란 단어를 떼어놓을 수 없는 관계 속에 살아가고 있다고 볼 수 있다.

일상에서 우리가 겪는 협상은 물건을 구매할 때, 취업 면접을 볼 때, 사업을 시작할 때, 이웃과 친구 간 분쟁이 있을 때, 부부간의 이견이 있을 때, 자녀 양육할 때 그리고 기술영업 전문가가 고객과 제안서 및 견적서를 가지고 금액을 조율할 때 등 일상 속에서 흔히 발생하고 있으나, 협상이란 용어로 인지를 못 할 뿐이다.

협상 준비는 협상 성공의 핵심이다

협상 준비에 대해 설명하기 전에 '세계적인 C 펌프회사에서 고품질의 제품을 제공하는 시장(High-end Market)을 겨냥해 경쟁사보다 먼저 고품질의 제품인 저유량[10] × 고양정[11]의 펌프를 개발해 K 석유화학 공장의 구매담당자 P에게 펌프를 판매하는 상황'을 예로 들어 살펴보자.

> 'C 펌프회사 펌프들은 K 석유화학 공장을 비롯해 국내 많은 석유화학 공장에 대량 납품돼 품질과 사용 안정성 등을 검증받은 제품으로 평판이 좋은 상태였으나 K 석유화학 공장 내 U 생산라인에 설치된 C 펌프회사 펌프들 몇 대가 고장이 잦아 수리를 담당하는 공무팀 M이 불만이 있었으며, 이런 문제를 수차례 C 펌프회사 기술영업 전문가 B에게 펌프 문제에 대한 해결책을 요청했으나 기술영업 전문가 B는 자사 A/S 엔지니어와 몇 번 방문해 펌프 문제가 아닌 공정상 문제로 펌

---

10) 유량(Flow Rate)이란? 특정한 시간 동안 펌프 내에 흐르는 액체의 양으로 부피 유량과 질량의 유량으로 나뉜다. 저유량은 유량이 적다는 것을 의미한다

11) 양정(Head)은 펌프가 물이나 유체를 끌어 올리는 높이를 의미하며, 고양정은 일반적인 높이보다 더 높이 올리는 것을 의미한다

프에 적합하지 않은 조건으로 운전돼 발생한 문제라 K 석유화학 공장 내에서 공정을 바꿔야 한다고만 하면서 정확한 솔루션 제공을 못 하고 있었다. 기술영업 전문가 B는 직접 사용자인 M보단 K 석유화학 공장 구매팀 P를 자주 만나 관계 형성을 잘하고 있었다. 그러던 중 K 석유화학 공장 공무팀 M은 자사 공장 증설부서인 사업부 담당자 W와 구매팀에게 C 펌프회사 제품의 문제를 공유하게 된다.

그러던 중에 시장 상황이 좋아져 U 라인 생산제품의 공급이 부족해져 K 석유화학 공장 U 생산라인을 이번에 짧은 프로젝트 일정으로 'KK 프로젝트'란 이름으로 증설하게 돼 신규로 저유량×고양정 펌프 20대를 급하게 구매해야 하는 상황이다.'

이런 상황에서 C 펌프회사 기술영업 전문가 B는 친분이 있던 K 석유화학 공장 구매담당자 P에게 펌프 20대에 대한 구매의뢰서를 접수해 견적서(25억 원)와 기술 사양서를 작성해 이미 고객사 K 석유화학 공장에 제안서를 제출한 상태이다.

그러던 중 C 펌프회사에 대형 'KK 프로젝트'에 대한 전략회의를 바탕으로 협상 준비를 어떻게 할 것인가로 내부회의를 진행하게 되는데, A/S 팀장은 늦게라도 꾸지람을 받을 각오로 K 석유화학 공장 내 U 라인에 자사 제품이 설치돼 가동 중이나 문제가 있다는 정보를 공유하면서 그 자리에 참석했던 경영진을 비롯해 설계팀, 기술영업팀 그리고 A/S팀 모두는 금액적인 문제도 문제지만 기존에 해결 안 된 펌프의

현장실무자를 위한 **영업관리**와 **기술영업** 비법

문제에 대한 심각성을 인지하게 된다. 물론 C 펌프회사 입장에선 펌프의 문제가 아닌 K 석유화학 공장의 U 라인 공정의 문제로 결론 내린 일이지만 사용자인 K 석유화학 공장 쪽은 다르게 생각할 수 있기 때문이다.

모든 상황을 인지한 C 펌프회사는 'KK 프로젝트'에 필요한 20대 펌프를 수주하기 위한 별도의 팀을 구성하기로 하고 A/S팀 1명, 설계팀 1명 그리고 기술영업 담당자인 기술영업 전문가 B를 비롯해 기술영업팀 팀장을 리더로 총 4명을 선발해 빅토리(Victory)란 TF(Task Force)팀을 꾸려 초기 대응부터 협상까지 단계별로 준비하기로 한다.

C 펌프회사 'KK 프로젝트' 빅토리 TF팀은 자사 제품 문제건 대응 및 협상 준비를 위해 목표와 협상 대상자를 설정하고, 정보수집, 전략 수립, 연습 등을 통해 철저히 준비해 실행하기로 한다.

첫 번째로, 목표는 견적금액 25억 원에서 23억 원에 수주하는 것이며, 우선 C 펌프회사의 펌프 문제에 대한 솔루션 재검토 및 정확한 솔루션 제공이며, 상담 대상자는 우선 K 석유화학 공장 공무팀 담당자 M과 공장증설 담당자 W를 A/S팀 인원과 기술팀 인원이 만나고 구매 담당자 P는 기술영업팀에서 만나기로 한다.

두 번째로, K 석유화학 공장 공무팀을 접촉해 펌프의 문제와 원인을 재파악하고, 'KK 프로젝트' 공장증설팀 담당자를 접촉해 U 라인 공정을 재확인하고 공정변경 가능성이 있는지 확인하며, 구매담당자를 접촉해 'KK 프로젝트' 분위기를 파악하고 경쟁사 자료 및 정보를 취득할 수 있도록 노력한다.

세 번째로, 취득한 자료와 정보를 취합해 문제해결 및 협상 방법 그리고 전략을 수립하기로 한다. K 석유화학 공장 공무팀 M을 만나 U 공정라인을 함께 검토한 결과 펌프로 유입되는 배관이 작아 펌프 쪽으로 흡입되는 가속손실수두[12]가 높아 공동화 현상[13]이 발생하는 것을 찾아 해결 솔루션으로 배관 확관 또는 펌프 흡입 배관에 맥동 완충기를 설치할 것을 추천하게 된다.

그러나 공무팀 M은 배관을 확관하는 것은 가동 중인 공정에선 불가하다는 답변과 맥동 완충기 설치 제안에 대해선 금액과 납기문제로 난색을 보이며 어려움을 이야기한다. 이 상황을 인지한 노련한 C 펌프 회사 영업팀장은 시험적으로 한 대분만 무상으로 맥동 완충기를 공급할 테니 설치할 것을 추천하고, 다행히 공무팀 M의 승인으로 무사히 설치하고 문제점을 해결하게 된다. 이런 상황을 'KK 프로젝트' 공장증설 담당자 W에게도 설명하면서 맥동 완충기를 설치해 문제가 없기에 이번 'KK 프로젝트'에도 흡입 배관을 확관하거나 흡입 배관에 맥동 완

---

12) 가속손실수두(Acceleration Head Loss) 값으로 'NPSHr > NPSHa+Acceleration Head Loss'로 역전돼 흡입 불량의 문제가 생겨 펌프 운전이 안 되고 부품 손상 등이 발생하는 경우가 종종 생긴다. 이런 경우는 펌프 흡입 쪽 배관에 맥동 완충기(Suction Dampener/ Stabilizer)를 설치해 가속손실수두를 없애야 한다.

13) 공동화 현상(Cavitation)은 펌프가 필요로 하는 최소한의 흡입 측 수두가 없으면 발생하는 현상이다.

충기를 설치할 것을 설명하고 추천하게 된다. 그리고 구매담당자 P에게도 현 상황을 설명하고 펌프 문제가 아닌 고객사 배관에 의한 문제로 해결된 것을 확인하고, 다시 방문해 펌프의 문제가 아니었음을 설명하고, 기존 펌프가 C 펌프회사 제품이므로 새로 구매 예정인 펌프를 C 펌프회사 제품으로 선택할 경우 부품과 펌프가 서로 호환 가능한 장점을 설명하게 된다.

네 번째로, K 석유화학 공장 구매담당자 P와 가격, 납기, 보증기간 등을 협상할 대안 그리고 자료와 전략 수립을 완료한 다음에 예상되는 상황에 따라 연습할 필요가 있다고 보고 상황에 따라 가상 스토리를 작성해 몇 번이고 연습하게 된다.

사람과 문제를 분리해 협상하자

앞에서 제시한 K 석유화학 공장의 예로 살펴보면, C 펌프회사 제품을 사용하는 K 석유화학 공장 공무팀 담당자인 M은 자사 U 공정라인에 사용 중인 C 펌프회사의 제품인 펌프의 문제와 제품에 대한 문제로 인해 불만을 가지고 있었으나, 내적으로는 C 펌프회사 기술영업 전문가 B의 대응에 대해서도 불만을 가지게 되었을 것이다. 문제를 해결하려 협상을 하다 보면 감정이 격해져 근원인 펌프의 문제는 온데간데없고 상대방을 비난하고 공격하여 서로 기분이 상하는 일이 생길 수 있다. 그렇다고 K 석유화학 공장 공무팀 담당자인 M의 경우 기술영업 전문가 B에 대해 그런 감정이 격해져 있다는 것은 아니지만 기분이 상해 있었을 경우가 다분하다.

하지만 문제는 상대방이 아닌 펌프의 문제로 상대방도 나와 함께 문제를 해결하려는 동반자로서 존중하고 배려해야 한다는 점이다. 감정 문제가 대두되면 해결하려는 협상은 더욱 꼬이게 되고 문제해결은 더욱 힘들어진다.

그러나 여기서 짚고 넘어가야 할 사항은 C 펌프회사 기술영업 전문가 B의 초기 문제해결 협상 능력이다. 펌프의 문제가 아니라 할지라도 좀 더 고객의 요구와 문제를 면밀히 확인해 대안과 솔루션을 제공해 줬으면 좋았는데 이런 초기 대응은 아쉬움으로 남는다. 그리고 기술영업 전문가는 고객을 방문할 때나 관계 형성을 도모할 때엔 구매담당자만 치중해서는 안 되며, 가장 중요한 곳은 고객사 현장에서 일하고 피드백이 가능한 공무팀과 공장의 신증설을 담당하는 부서 그리고 구매팀이기에 어느 곳 하나 소홀함이 없도록 주기적으로 방문하고 고객의 요구와 문제를 청취해 관련 부서와 협업을 끌어내면서 고객과의 관계를 발전시켜 나가야 했다.

'요구'가 아닌 '욕구'를 파악해 협상하자

앞에서 제시한 K 석유화학 공장의 예로 살펴보면, C 펌프회사 제품을 사용하는 K 석유화학 공장 공무팀 담당자인 M은 자사 U 공정라인에 사용 중인 C 펌프회사의 제품인 펌프의 문제로 불만을 가지고 있었으나 차후 C 펌프회사 빅토리 TF팀 소속 A/S 엔지니어와 기술팀 엔지니어 방문을 통해 K 석유화학 U 공정라인을 상세히 점검하고 검토한 결과, C 펌프회사 제품인 펌프로 유입되는 배관이 작아 펌프 쪽으로 흡입되는 가속손실수두가 높아 공동화 현상이 발생하는 것을 찾아 해결 솔루션으로 펌프 흡입 배관에 맥동 완충기를 설치할 것을 제안받게 되었다.

K 석유화학 공장 공무팀 담당자 M은 C 펌프회사 빅토리 TF팀의 해결 솔루션을 인정하고 흡입 배관에 가속손실수두를 저감시킬 수 있는 맥동 완충기를 설치하려 했지만, 비용과 납기문제로 고민 중인 사실을 인지한 노련한 C 펌프회사 기술영업팀장의 직감으로 M의 내면 욕구를 파악해 테스트용으로 한 대분에 대해 맥동 완충기 한 개를 무상 공급할 수 있다는 제안을 하면서 현명하게 해결점을 찾아가는 것을 볼 수 있다.

상호 기대치를 충족시키는 협상을 하자

성공적인 협상은 당사자 모두가 만족할 수 있는 결과를 도출해 내는 것이다. 즉 윈윈(Win-Win) 협상을 이루는 것이 성공적인 협상의 목표라고 할 수 있을 것이다. 서로가 중요하게 생각하는 것이 달라서 의견충돌이나 협상이 결렬되는 경우를 종종 볼 수 있기 때문에 '나에게 중요한 가치는 상대에게 덜 중요한 가치일 수 있어 상대에게 요구하고, 나에게 덜 중요한 가치는 상대에게 중요한 가치일 수 있어 상대에게 양보하면서 서로가 중요한 가치를 얻는 창의적인 대안 모색'이 중요하다.

이러한 창조적인 대안을 모색하기 위해서는 상대방의 입장과 요구를 이해하고, 협상 과정에서 유연성을 가지고 접근하는 것과 신뢰를 구축하는 것이 중요하다. 물론 상대방에 대한 정보와 최종 목표를 최대한 파악해야만 협상에서 주도권을 잡을 수 있다.

앞의 제시문 K 석유화학 공장의 예로 살펴보면, K 석유화학 공장 내 U 공정라인에서 사용 중인 C 펌프회사의 제품인 펌프의 문제로 불만을 가지고 있었으나 차후 C 펌프회사 빅토리 TF팀 소속 A/S 엔지니어와 기술팀 엔지니어 방문을 통해 K 석유화학 U 공정라인을 상세히 점검할 수 있었다. 빅토리 TF팀의 검토 결과, C 펌프회사 제품인 펌프로 유입되는 배관이 작아 펌프 쪽으로 흡입되는 가속손실수두가 높아 공동화 현상이 발생하는 것을 찾아 해결 솔루션으로 펌프 흡입 배관에 맥동 완충기를 설치할 것을 추천하게 되었다. 이는 K 석유화학 공장 입장에선 문제의 원인을 찾아 득이고, C 펌프회사 입장에선 문제가 펌프가 아님을 증명해 신규 증설공장에 펌프를 납품할 수 있는 기회를 잡아 득이기에 상호이익을 실현한 성공적인 협상이라 할 수 있을 것이다.

K 석유화학 공장 공무팀 담당자 M은 C 펌프회사 빅토리 TF팀의 해

결 솔루션을 인정하고 흡입 배관에 가속손실수두를 저감시킬 수 있는 맥동 완충기를 설치하려 하지만 비용과 납기문제로 고민 중인 사실을 인지한 노련한 C 펌프회사 기술영업팀장은 직감적으로 M의 욕구를 파악해 테스트용으로 한 대분에 대해 맥동 완충기 한 개를 무상공급할 수 있다는 제안을 하면서 현명하게 해결점을 찾아가는 것을 볼 수 있다. 이 또한 K 석유화학 공장 입장에선 무상으로 흡입 배관용 맥동 완충기를 받아 문제를 해결할 수 있는 조건을 만들 수 있어 득이고, C 펌프회사 입장에선 흡입 배관용 맥동 완충기를 무상으로 공급해 손해로 보이지만 차후 추가로 흡입 배관용 맥동 완충기를 공급할 수 있는 기회를 잡는 동시에 새로 증설되는 공장에 펌프와 같이 납품할 수 있는 기회를 잡아 득이기에 상호이익을 실현한 성공적인 협상일 것이다

'BATNA'를 만들어 협상하자

협상을 하다 보면 협상이 교착 또는 결렬될 경우를 대비해 대신 활용하기 위해 대안 또는 보충으로 선택할 수 있는 BATNA(Best Alternative to a Negotiation Agreement)를 준비해야 한다. 그렇기 때문에 협상에서 BATNA는 중요한 요소로 BATNA가 많고 강할수록 협상에서 유리한 위치를 확보할 수 있다.

앞에서 제시한 K 석유화학 공장의 예로 다시 살펴보면, K 석유화학 공장 내 U 라인 생산제품의 공급이 부족해 U 생산라인을 이번에 'KK

프로젝트'란 이름으로, 짧은 프로젝트 일정으로 증설하게 돼 신규로 저유량×고양정 펌프 20대를 급하게 구매해야 하는 상황이다.

C 펌프회사 기술영업 전문가 B는 친분이 있던 K 석유화학 공장 구매담당자 P에게 펌프 20대에 대한 구매의뢰서를 접수해 견적서(25억 원)와 기술 사양서를 작성해 고객사에 제안서를 제출한 상태로. 곧 K 석유화학 공장 구매담당자 P로부터 협상 의뢰를 받을 예정이었다. 견적했던 금액 25억 원에서 기존 목표로 잡은 23억 원을 고수할 것인가? 아니면 다른 대안, 즉 BATNA를 만들어야 하는 상황이다.

빅토리 TF팀은 지금까지 K 석유화학 공장 내 U 공정라인에 설치된 제품의 문제를 재검토하고 해결 솔루션을 제공한 상황을 BATNA로 적극 활용하기로 한다.

첫째, K 석유화학 공장 내 U 공정라인에 설치된 자사 제품의 문제를 재검토한 결과 펌프 문제가 아닌 해결 솔루션에 대한 프레젠테이션 자료를 만들어 설명하고 발표하기로 한다.

둘째, 금액 협의 시 빅토리 TF팀은 이미 자체 검토 결과, 고객사 쪽에서 흡입 배관 확관은 금액적으로나 설계적으로 경제성이 없는 것을 알고 있지만, 다시 한번 'KK 프로젝트' 공장증설팀 쪽에 흡입 배관 확관이 가능한지 재확인 후 불가능할 것을 대비해 흡입 배관용 맥동 완충기 20대 금액(1억 원)을 주 견적금액에 포함 시 총합이 높아지는 효과를 방지하기 위해 옵션(Option)으로 처리해 주 견적금액 하단에 별도로 기재하기로 한다. 이번 BATNA 대안으로 제시 예정인 맥동 완충기 또한 협상에서 정보를 얼마나 보유하고 있는지가 중요하고, 또한 정보가 상대방에게 많이 노출돼 있을수록 협상하기가 어려워진다는 것을 알 수 있다.

셋째, 계약조건 협의 시 제품에 대한 보증기간을 기존 12개월에서 18개월로 하는 것을 제시한다.

넷째, 계약조건 협의 시 지불 조건을 기존 납품 완료 인수증 접수 후 한 달 내 100% 지불 조건에서 90%로 조정하고, 나머지 10%는 모든 펌프 20대를 K 석유화학 증설공장에 설치하고 시운전 완료 후 받는 것으로 제시하기로 한다.

다섯째, 계약조건 협의 시 K 석유화학 증설공장에 설치된 펌프 20대에 대한 시운전 시 C 펌프회사 A/S팀 엔지니어를 무상으로 파견해 시운전 참관 및 펌프 교육을 수행해 줄 것을 제안하기로 한다.

여섯째, 협상에서 시간에 대한 압박감을 활용하면 좋은 기회를 잡을 수 있다.

영화를 좋아하는 필자가 예전에 재미있게 시청하면서도 어딘가 슬프다는 느낌마저 들었던 영화 '어벤져스 시리즈 인피니트 워(제작 : 마블 스튜디오, 감독 : 루소 형제)'에서 빌런역 타노스의 인피니트 건틀렛에 끼워진 인피니트 스톤이라고 불리는 여섯 개의 강력한 마법석 중 가장 기억에 남는 돌은 '시간의 돌(Time Stone)'이다. 여섯 개의 마법석은 각각의 다른 힘을 가지고 있으며, 모두 함께 사용하면 우주를 통제할 수 있다는 설정이다. 시간의 돌은 시간을 제어할 수 있는 능력을 부여해 사용자가 시간을 되돌리거나 시간을 가속할 수 있다는 것이다.

물론 영화에서나 가능한 이야기로 현실에서는 불가능한 일이지만, 우리의 모든 삶은 시간의 지배를 받고 있으므로 협상에서는 시간에 대한 압박감을 잘 활용하면 협상에서 주도권을 잡을 수 있는 기회가 많다고 할 수 있다.

K 석유화학 공장 내 U 공정라인 증설을 급하게 짧은 프로젝트 일정으로 진행한다는 정보가 이미 오픈된 상태로 구매담당자뿐만 아니라 공장증설팀 모두 일정에 쫓기는 상황이라는 것을 짐작할 수 있다. C 펌프회사의 노련한 빅토리 TF팀 영업팀장이 이를 십분 활용해 펌프 20대분에 대한 납기를 고객사 프로젝트 일정보다 5개월 전에 납품한다는 전략을 제시하는 한편, 협상 후 1주일 내로 발주하는 조건을 달아 경쟁사와 차별화는 물론이고 경쟁사 쪽에서 납기를 단축할 수 있는 검토시간의 빌미를 주지 않으며 구매담당자에게 발주 압박을 가하기로 한다.

일곱 번째, C 펌프회사는 K 석유화학 공장 내 U 공정라인에 현재 입찰 중인 제품과 같은 펌프를 납품해 운전 중이며, 다시 한번 이전에 발생한 문제는 펌프 문제가 아닌 공정의 문제라는 것을 재인지시키고, 현재 견적해 협상 중인 펌프 20대는 동일 제품으로 서로 펌프나 부품을 호환하여 사용하는 장점과 유지 보수비를 월등히 절감할 수 있다는 자료를 만들어 제시해 경쟁사와 차별화 전략을 시도하기로 한다.

마지막으로, 상기 BATNA를 모두 사용해 기존 목표로 잡은 23억 원을 고수하는 전략을 활용하되 K 석유화학 공장 구매담당자 P와의 관계 및 관계강화를 위해 옵션으로 빼놓은 흡입 배관용 맥동 완충기를 포함할 경우 금액은 23.5억 원으로 펌프 20대분만 구매할 경우엔 22.5억 원을 제시하기로 정하고 구매팀의 관심을 끌게 유도하기로 한다. 모든 입찰 건이나 협상이 포함된 일이라면 BATNA를 만들어 최대한 활용하기를 권하며, 협상이 교착 또는 결렬될 경우를 대비하여 대안 및 보충으로 선택할 수 있는 BATNA는 고객과 협상 전 상황에 따라 시나리오를 작성해 팀원들과 함께 연습하기를 적극적으로 추천한다.

먼저 가격제안을 할 것인가?

K 석유화학 공장 구매담당자 P의 협상 테이블에 앉았다고 가정하자. 물론 C 펌프회사 영업팀장은 노련하기 때문에 경쟁사 정보나 위에서 살펴본 정보들을 취합해 BATNA까지 준비한 상태이기에 구매담당자 P와 협상 장소와 시간을 경쟁사 쪽이 가격협상이 마무리됐는지 확인해 잡으려 할 것이다. 그래야만 협상을 하면서 유리한 고지에 위치할 수 있으며 협상 후 마침표를 찍을 수 있기 때문이다.

이런 상황이라면 C 펌프회사 영업팀장 입장에서 구매담당자 P에게 시간을 조율하면서 급하지 않게 협상을 이어 나가려 할 것이다. 급한 쪽은 K 석유화학 공장 구매담당자와 공장증설 담당자이기에 상황에 맞게 BATNA를 하나씩 사용하면서 흡입 배관용 맥동 완충기를 포함할 경우 금액은 24억 원으로 펌프 20대분만 구매할 경우엔 23억 원을 먼저 제시하는 것이 좋을 수 있다. 이렇게 판매자 쪽에서 구매자 쪽에 먼저 금액을 제시하면 구매자 쪽은 '앵커링 이펙트(Anchoring Effect)[14]에 빠질 수 있다.

먼저 가격을 제시할 경우는 상황에 따라 다를 수 있지만, 기본적으로 상대방에 대한 정보가 많아 정보력에서 우위에 있다고 판단될 때 유리한 방법 중 하나이다.

그렇다고 협상 당일 모든 것을 끝낼 필요는 없어 보인다. 왜냐하면 구매담당자 입장에선 왠지 큰 발주 건을 가지고 하루 만에 마침표를 찍는다는 것이 회사에 눈치도 보일 수 있을 것이고 노련한 영업팀장도 구매담당자의 내부적인 상황을 파악하고 있을 것이기에 며칠 숙려 기간을 두고 다시 협상 테이블에서 만나는 것도 방법이기에 그렇게 유도하려 할 것이다.

숙려 기간이 끝나고 상호 약속한 날짜에 다시 만나 재협상을 시작했을 땐 이미 K 석유화학 공장 구매담당자는 1차 협상 때 제시한 '맥

....

14) '앵커링 이펙트(Anchoring Effect)'는 배가 닻을 내리면 닻을 내린 곳에 정박하듯이 처음에 인상적인 숫자나 사물이 기준점이 돼 상대방의 판단에 왜곡이나 편파적인 현상을 미치게 되는 것을 뜻한다.

동 완충기 포함 24억 원 그리고 펌프만 구매 시 23억 원'이라는 금액을 이미 회사에 보고한 상태일 것이고 앵커링 이펙트에 빠져 있을 확률이 높다. 그렇기 때문에 C 펌프회사 영업팀장은 상호 입장을 고려해 BATNA로 검토한 흡입 배관용 맥동 완충기를 포함할 경우 금액은 23.5억 원으로 펌프 20대분만 구매할 경우엔 22.5억 원을 구매팀에 제시해 마무리하면 큰 문제는 없어 보이는 협상으로 보인다.

앞에서 제시한 '먼저 가격제안을 할 것인가?'는 반은 맞고 반은 틀리다고 판단할 수 있다. 만약 상대방에 대한 정보가 많아 정보력에서 우위에 있다고 판단될 땐 먼저 가격제안을 해 앵커링 이펙트에 빠지게 하는 것이 유리할 것이고, 반대로 상대방에 대한 정보가 없다면 섣불리 먼저 가격제안을 했을 경우 불리해질 수 있는 위험이 있으므로 상황에 맞게 선택하기를 추천한다.

끝으로 기술영업 전문가 B는 고객사인 K 석유화학 공장의 문제를 접하고 자사 제품의 문제가 아니라고 고객사와 함께 문제를 해결하려는 노력이 부족했음에도 C 펌프회사에서는 끝까지 기술영업 전문가 B를 신뢰하고 이번 프로젝트에서 수주할 수 있도록 지원해 준 C 펌프회사의 의사결정을 높이 평가하며, 이로 인해 기술영업 전문가 B는 지금의 노련한 영업팀장보다 한 단계 더 능력을 인정받게 될 것으로 확신한다.

◆ 기술영업 전문가의 자질

기술영업 전문가는 고객을 만났을 땐 개인이 아닌 회사를 대표하고 기업의 매출과 이익 창출을 책임지는 중요한 임무를 수행하기 때문에 기술영업 전문가의 자질과 능력에 따라 기업의 경쟁력에 직결된다고 봐야 한다. 기술영업 전문가가 회사를 대표해 기업의 매출과 이익을 창출하는 데 필요한 자질들은 첫째, 고객을 설득할 수 있도록 자사 제품과 서비스뿐만 아니라 관계된 기술과 시장에 대한 높은 지식, 이해도를 갖춘 전문성이다. 둘째, 고객과 원활한 의사소통과 제품 설명이 가능한 커뮤니케이션 능력과 어려움을 극복하고 목표를 달성하기

위한 성실성이다. 셋째, 고객의 요구를 경청하고 충족시킬 수 있는 고객 중심 사고와 제품이나 서비스의 판매를 통해 매출을 창출할 수 있는 영업능력이다. 넷째, 예상치 못한 다양한 문제를 조율하고 해결할 수 있는 협업능력과 문제해결 능력이다. 그리고 마지막으로 기술영업 사원에게 아무리 강조해도 지나치지 않는 협상 능력 등이다.

◆ 기술영업 전문가의 역할

기술영업 전문가는 자사 제품이나 서비스의 기술적인 특성과 고객의 요구를 이해하고, 이를 바탕으로 고객에게 적합한 솔루션을 제공하거나 문제를 해결하는 일련의 모든 영업활동을 수행하는 전문가이다. 그러므로 기술영업 전문가의 역할은 고객 발굴과 관리에 최선을 다하고, 시장을 이해하고 시장조사에 최선을 다하고, 고객을 위한 제안서 작성과 제출 및 발표에 최선을 다하고, 계약체결을 통한 성과를 내는 것도 중요하다. 하지만 사후관리를 통한 고객 만족 또한 중요한 역할임을 명심해야 한다. 기술영업 전문가의 가장 중요한 핵심 역할은 자기가 속한 회사의 매출과 수익을 창출하는 데 있지만, 그렇다고 고객의 입장을 고려하지 않고 자신의 이익과 자기가 속한 회사의 입장만을 먼저 생각한다면 고객의 신뢰를 잃을 수 있다. 기술영업 전문가는 항상 모든 업무에서 자기가 속한 회사와 고객의 입장에서 생각하고 조율하되 고객의 입장에서 생각하고 진심 어린 말과 업무처리를 하길 바란다.

◆ 기술영업 전문가의 협상력

협상은 두 사람 이상의 당사자가 서로의 이해관계가 상충되는 상황에서 합의를 도출하기 위한 의사소통 과정이라 정의할 수 있으며, 양측의 기대치를 모두 충족시키는 원만한 결과를 도출했을 때 성공적인 협상이라 정의할 수 있을 것이다.

기술영업 전문가가 성공적인 협상을 이끌어가기 위해서는 협상 대상의 근원과 원인을 정확히 파악하고 협상 준비를 철저히 해야 하며, 특히 사람과 협상 문제를 분리해 협상하고, 상대방의 '요구'가 아닌 '욕

현장실무자를 위한 **영업관리와 기술영업 비법**

구'를 파악해 협상을 리드해 가되 상호 기대치를 충족시키는 협상을 하는 것이 성공적인 협상이라 할 수 있다. 그리고 협상이 교착 또는 결렬될 경우를 대비해 대신 활용하기 위해 대안 또는 보충으로 선택할 수 있는 'BATNA(Best Alternative to a Negotiation Agreement)'를 준비해야 한다. 협상에서 BATNA는 중요한 요소로 BATNA가 많고 강할수록 협상에서 유리한 위치를 확보할 수 있다. 그리고 가격 측면의 협상인 경우 '먼저 가격제안을 할 것인가?' 고민하는 분들이 많은 것이 사실이다. 먼저 가격을 제시할 경우는 상황에 따라 다를 수 있지만, 기본적으로 상대방에 대한 정보가 많아 정보력에서 우위에 있다고 판단될 때 유리한 방법의 하나니 숙지하기 바란다.

4장

기술영업 전문가의
목표 설정하기

4장 기술영업 전문가의 목표 설정하기

1. 자기에게 맞는 목표 설정하기

필자가 기술영업을 처음 시작할 때는 목표를 정하지 않고 무조건 열심히 고객을 방문하고 고객과 긍정적이고 친밀한 관계를 형성하는 데 많은 시간을 할애했었다. 그리고 고객의 요구를 접수해 제품이나 서비스에 대한 제안서를 제출하고 가능성이 높은 제안서부터 집중해서 실적을 내겠다는 바람만을 가지고 영업을 했던 기억이 있다. 그러나 경험이 쌓이면서 개인 또는 팀별 목표가 필요하다는 것을 알게 되었고, 어떻게 목표를 잡아야 할지, 얼마 정도의 목표를 잡아야 할지 고민하게 되었다.

목표를 잡을 때는 애매한 표현을 피하고 목표를 숫자로 정확히 설정하며, 목표를 달성할 기간을 정확히 정해야 기술영업 전문가의 동기부여를 높일 수 있고 업무 성과 향상을 도모할 수 있다.

그러나 목표 설정을 잡을 때 명확히 해야 하지만, 목표 설정은 과하지 않게 달성 가능한 범위 내에서 잡기를 권한다. 그 이유는 심리학에서 말하는 요크스 다드슨의 법칙(Yerkes & Dadson's Law)에 따라 적당한 스트레스와 자극으로 적당한 각성상태에 있을 때 최상의 능력를 발휘한다고 하니 시장 상황에 따라 다를 수 있지만, 일반적으로 전년 목표 대비 120~125% 정도가 적당하다고 본다.

목표 설정은 크게 수치적인 목표와 비수치적인 목표로 나눌 수 있는데, 수치적인 목표는 매출, 신규고객 수, 계약 건수 또는 계약 금액 등과 같이 숫자로 나타낼 수 있는 목표를 말하며, 비수치적인 목표는 고객 만족도, 브랜드 인지도, 기술력 향상 등과 같이 숫자로 나타내기 어려운 목표를 말한다. 기술영업 전문가에게는 기본적으로 수치적인 목표를 잡을 것을 추천한다. 그렇다고 비수치적인 목표를 잡지 말라는 것은 아니다.

목표 설정 시 전반적으로 'SMART' 기법을 많이 활용하는데, 'SMART' 기법은 목표를 설정할 때 고려해야 하는 다섯 가지 기준인 Specific(구체적), Measurable(측정 가능한), Achievable(달성 가능한), Realistic(현실적), Time-bound(기한이 있는)의 약자로 앞글자만 따서 'SMART'라 명명했다고 이해하면 된다.

'SMART'의 S(Specific) 약자는 목표 설정은 구체적이어야 한다는 말이다.

구체적인 목표는 달성하기가 더 쉽고, 목표 달성에 대한 동기부여를 높이는 데 도움이 된다. 예를 들어 기술영업 전문가가 '매출을 올리겠다.'는 것은 목표가 구체적이지 않다. 그러나 '2024년 매출을 2023년 말 견적 리스트 중에서 2024년에 발주 가능한 견적 리스트를 검토해 2023년 매출 대비 15%를 올려 23억 원을 달성하겠다.'라는 목표는 구체적이다. 그러나 무작정 2023년 매출 대비 '2024년 매출을 15%, ○○억 원을 달성하겠다.'라는 목표는 구체적이긴 하나 추가자료가 없다면 달성 가능성(Achievable)에는 의문점이 들게 되어 있다.

'SMART'의 M(Measurable) 약자는 목표 설정은 측정 가능해야 한다.

측정 가능한 목표 달성 여부를 확인할 수 있고, 목표 달성에 대한 진척 상황을 추적할 수 있다. 예를 들어 기술영업 전문가가 '신규고객 수를 늘리겠다.'라는 목표는 측정이 가능하지 않다. 그러나 '신규고객 수를 2024년 12월까지 13개 업체로 늘리겠다.'라는 목표는 측정할 수 있다.

'SMART'의 A(Achievable) 약자는 목표 설정은 달성 가능해야 한다.

달성 불가능한 목표는 동기부여를 떨어뜨리고, 실망감과 좌절감을 유발할 수 있다. 예를 들어 기술영업 전문가가 '모든 기술력을 일주일 만에 완벽하게 향상시키겠다.'라는 목표는 달성이 불가능하다. 그러나 '기술력 중 압력 환산 방법 한 가지를 2024년 12월까지 끝내겠다.'라는 것은 목표 달성이 가능하다.

'SMART'의 R(Realistic 또는 Relevant) 약자는 목표 설정은 현실적이면서 관련성이 있어야 한다. 목표 설정은 도달할 수 없는 목표를 세우면 개인이나 팀은 더 열심히 노력하지 않을 것이며, 달성에 대한 집중력을 떨어뜨릴 수 있다. 예를 들어 고압 펌프 판매 50위 영업조직이 갑자기 '2024년 업계 최고의 고압 펌프 판매 1위 영업조직이 된다.'라는 목표로 잡는 것은 좋으나 현실적으로 달성 가능성이 없어 현실적이지 않다.

'SMART'의 T(Time-bound) 약자는 목표 설정은 시간제한이 있어야 한다.

목표 설정은 목표 달성에 대한 긴급성을 높이고, 목표 달성에 대한 집중력을 높이는 데 도움이 된다. 예를 들어 '신규 계약을 50건 하겠다.'라는 목표는 시간제한이 없다. 그러나 '2024년 12월까지 신규 계약 50건을 하겠다.'라는 목표는 시간제한이 있다.

앞에서 살펴본 'SMART' 기법을 통해 효과적인 목표 설정을 하고, 목표 달성을 위한 계획을 수립하고, 목표 달성 과정을 점검하고 수정함으로써 목표를 달성하고 성공시키는 데 좋은 방법이니 활용하길 권한다.

또한 목표의 범위는 기술영업 전문가 개인 목표와 팀 목표로 나눌 수 있는데, 개인 목표는 개인의 성과와 성장을 위한 목표이고, 팀 목표는 팀 전체의 성과를 위한 목표로 두 부분으로 나누어 목표 설정을 하기 바란다. 그러나 업무의 특성이나 조직의 특성에 따라 개인 목표와 팀 목표로 구분하는 것이 역효과를 초래하는 일도 있으니 내부적으로 특성을 잘 파악해 목표를 설정해야 할 것이다.

2. 해야 할 일과 하지 말아야 할 일을 구분하자

전체 매출의 80%가 전체 고객의 20%로부터 발생한다

경제학 법칙 중 80대 20의 원칙이 있는데, 이를 '파레토 법칙'이라 한다. 파레토 법칙은 이탈리아 경제학자 빌프레도 파레토(Vilfredo Pareto)가 1897년 이탈리아의 토지 분포에 관한 연구를 통해 발견한 법칙이다. 파레토는 이탈리아 인구의 20%가 이탈리아 전체 부의 80%를 가지고 있다는 것을 발견했다. 이를 바탕으로 파레토는 '전체 결과의 80%는 전체 원인의 20%에서 일어난다.'라는 법칙을 정리한 것이다.

이 파레토 법칙은 다양한 분야에서 적용되고 있는데, 예를 들어 백화점에서 20%의 고객이 80%의 매출을 발생시킨다든지, 기술영업 분야에서도 예외는 아니기에 전체 매출의 80%가 전체 고객의 20%로부터 발생한다는 것으로 보면 될 것이다.

이를 바탕으로 기술영업 전문가들은 전체 고객 중에서도 가장 큰 매출을 창출하는 고객이나 지속적인 매출을 발생시키는 20%의 고객에게 집중하는 전략이 필요하다.

파레토 법칙을 바탕으로 기술영업 전문가는 첫째, 전체 결과에 가장 큰 영향을 미치는 요인을 파악해 집중함으로써 업무 효율성을 향상시킬 수 있다. 둘째, 전체 결과에 가장 큰 영향을 미치는 요인을 파악함으로써 우선순위를 정해야 한다. 셋째, 가장 큰 요인과 가장 큰 영향을 미치는 요인에 리소스를 집중적으로 배분함으로써 효과적인 결과를 도출해 낼 수 있다.

그러나 파레토 법칙은 절대적인 법칙이 아니므로 정확한 데이터를 확보하고 상황에 따라 유연하게 적용하길 바란다.

중요도와 가능성이 있는 20%의 제안서에 우선 집중하자

앞에서 살펴본 파레토의 법칙을 근거로 20%의 중요 제안서에 집중해 성공시킨다면 전체 매출의 80% 매출을 달성할 수 있다는 논리가 형성된다. 그러므로 기술영업 전문가는 고객의 요구에 따라 제출된 모든 제안서는 중요할 수 있으나 모든 제안서에 똑같은 리소스를 집중한다는 것은 비효율적이면서 잘못된 영업방법이 될 수 있다. 전체 매출의 80%를 좌우하는 20%의 제안서에 노력과 가용 가능한 리소스를 우선 배분함으로써 효과적인 결과를 발생시킬 수 있기 때문이다.

그러므로 상위 20%의 제안서를 중요 제안서로 구분해 관리하는 것이 좋으며, 20%의 중요 제안서에서 안정된 거래가 확보되지 않으면 기술영업 전문가가 아무리 고객을 만나고 영업활동을 한다고 하더라도 목표를 달성하기란 쉽지 않다. 따라서 이런 20%의 제안서에 우선 고객 방문과 상담을 우선순위에 놓는 것이 매우 중요하다.

그렇다고 20% 이하, 즉 나머지 80%의 안건을 소홀히 하라는 것이 아니라, 상위 20%의 고객과 제안서에 우선 집중하라는 얘기이다.

고객 방문과 상담에 우선하자

기술영업 전문가의 업무는 크게 내근 업무와 외근 업무로 나눌 수 있다.

내근 업무는 주로 사무실에서 이루어지는 업무로, 회사 내 절차에 따라 수행하는 내부업무 처리 및 내부회의 참석, 제품이나 서비스에 대한 조사 및 이해, 고객관리, 제안서 작성 및 영업계획 수립 등이 포함된다.

외근 업무는 고객을 방문해 고객의 니즈를 파악하고, 요구나 문제를 경청하고, 새로운 지식 습득과 시장 동향을 파악하기 위한 전시회와 세미나 등에 참석하는 업무를 주로 한다. 기본적으로는 고객과 접촉을 통해 고객과의 긍정적이고 친밀한 관계 형성 강화 및 효과적인 영업을 진행할 수 있을 것이다.

지속해서 이 책을 통해 다시 한번 강조하는 얘기이지만, 기술영업 전문가에게 가장 중요한 것은 전문적인 기술지식을 바탕으로 고객을 방문해 고객의 니즈를 파악하고, 이를 해결할 수 있는 제품이나 서비스를 제안하는 것이 주된 업무이다.

그러나 주기적으로 고객 방문을 하지 못하거나 안 한다면 고객의 니즈를 파악하지 못할 수 있으며, 곧 고객이 원하는 제품이나 서비스를 제안할 수 없을 수도 있어 결국 영업 실패로 이어질 수 있으니 내근 업무를 최소화하고 효율화할 필요가 있다. 그렇다고 내근 업무를 소홀히 하거나 하지 말라는 것은 절대 아니다.

당연히 회사생활 내 조직 생활에서 내근 업무는 떼려야 뗄 수 없는 일이기에 최대한 간소화 · 최적화 · 효율화해야 한다. 일례로 일일 업무보고서나 매주 올리는 보고서 그리고 매일 있는 듯한 팀 회의부터 전체 회의까지가 기술영업 전문가들에게 고객 방문 횟수나 시간을 빼앗는 일일 수도 있어 일일 보고서나 매주 올리는 보고서는 없애고 필요시마다 작성해서 그때그때 올리는 것도 좋은 방법이다. 회의는 최소화하고 필요할 때 일정과 내용을 미리 공지한 후에 개최하기를 권한다.

회의와 관련하여 필자가 오래전에 고객사를 방문했을 때 벽보에 붙어 있던 회의방법을 공유하니 참고하면 좋을 듯싶다.

회의의 목적과 내용을 명확히 해라.

회의의 목적과 내용을 명확히 하지 않으면 회의가 산으로 갈 수 있으며, 회의를 시작하기 전에 회의의 목적과 내용을 모든 참석자에게 공유하도록 한다.

회의의 참석자를 선정하라.

회의의 목적을 달성하기 위해서는 해당되는 참석자를 선정하고 참석자에게 회의 목적과 내용을 사전에 공유해야 한다.

회의의 안건을 준비하라.

회의의 목적을 달성하기 위해서는 회의의 안건을 선정해 준비하고 안건에 대한 충분한 정보를 준비해야 한다.

회의는 시간을 정해 효율적으로 진행하라.

회의를 효율적으로 진행하기 위해서는 회의의 진행방식을 사전에 계획하고 회의의 진행 순서와 시간을 정해 진행 도중에도 시간 관리에 신경을 써야 한다.

회의의 결과를 꼭 정리하라.

회의의 결과를 정리하지 않으면 회의의 결론이 제대로 전달되지 않을 수 있으며, 이를 모든 참석자에게 공유해야 한다.

고객 중심적으로 조직문화를 바꿔보자

기존 조직문화를 바꾸기는 쉽지 않은 일이지만, 고객 중심 사고로 전환하기 위해서는 먼저 조직 분위기를 긍정적이고 의욕적으로 바꾸면서 순차적으로 고객 중심적으로 충분한 시간을 두고 바꿔가야 한다. 기존 조직문화를 바꾸기 위해서는 각각의 부서별 의견과 관계된 조직의 소문화가 있기 때문에 GWP(Great Work Place; 일하기 좋은 일터) 등을 활용해 조직원들에게 영향을 미치는 것을 찾아내 사소한 것이라도 존중하고 수렴해 하나가 된 목표인 고객 중심 사고로 전환해 가도록 해야 한다. 조직문화를 바꾸려면 회사 내 여러 부서와 많은 직원이 존재하고 있어 숨겨진 갈등과 변화에 저항하는 경우가 대부분이다. 그러므로 조직문화를 바꾸는 데 저항하는 이유를 밝히고 지속적으로 강력하게 추진해야 한다. 특히 조직문화에 영향을 주거나 행사 가능한 리더, 즉 회사 대표 등이 직접 나서야만 조직문화를 바꿔갈 수 있다.

고객 중심적인 조직문화를 바꾸는 것은 고객의 요구와 가치를 이해하고 고객에게 최적의 솔루션을 제공하는 사고방식을 의미하기 때문에 기술영업 전문가의 습관으로 자리 잡아야 한다. 그런데 기술영업 전문가나 기업 내 조직 및 고객 중심 사고에서 제품이나 서비스에 대한 문제해결과 처리 그리고 기술적인 지원이 가장 힘든 일로 여겨진다.

그도 그럴 것이 이러한 제품이나 서비스의 문제나 고장 그리고 기술적인 지원 등 원하는 바를 요구하는 일을 고객으로부터 접수하면 고객의 불만을 최소화하기 위해 신속하게 처리하고 해결해야만 된다.

그러나 이러한 신속한 처리가 고객의 불만을 최소화하고 만족도를 향상할 수 있다는 것을 알면서도 기술영업 전문가 혼자 힘으로는 불가능한 일들이 많아 문제를 해결할 수 있는 기술지원팀, A/S팀 그리고 마케팅 등 다양한 팀들과 소통하면서 업무를 조율할 수 있는 협업능력과 문제해결 능력이 필요하다. 그래서 고객 중심 조직으로 전환, 전문성 중심 조직으로 전환, 소통 중심 조직으로 전환, 협업 중심 조직으로 전환하게끔 분위기를 조성하고 정착에도 힘써야 한다.

고객 중심 조직으로 전환하자.

고객의 요구와 가치를 이해하고 이를 기반으로 고객에게 최적의 솔루션을 제공하는 조직으로 전환하고 정착시켜야 한다. 그러기 위해서는 고객에 대한 이해를 높이기 위한 교육과 훈련을 강화하고, 고객의 니즈와 요구를 반영하고, 신속히 처리할 수 있는 프로세스로 지속적으로 개선해야 한다.

전문성 중심 조직으로 전환하자.

고객의 니즈에 맞는 새로운 기술과 기술의 복잡성에 대응하기 위해 기술에 대한 전문성을 갖춘 조직으로 전환하고 정착시켜야 한다. 이를 위해서는 기술영업 전문가의 기술 역량을 강화하기 위한 내외부 교육과 훈련을 강화하고 스스로 노력해야 한다.

소통 중심 조직으로 전환하자.

소통 중심 조직은 조직 구성원 간의 정보 공유와 협업을 통해 조직의 목표를 효과적으로 달성하기 위해 소통을 중시하는 조직으로 전환하고 정착시켜야 한다. 이를 위해서는 다양한 소통 채널과 방식을 마련해야 하는데 정기적인 소통 회의, 부담이 없는 원격 화상회의, 자유롭게 소통할 수 있는 사내 게시판, SNS(카카오톡 등)의 메신저와 같은 다양한 소통 채널을 활용하여 조직 구성원들이 서로의 의견을 자유롭게 공유할 수 있도록 해야 한다. 이러한 소통 중심 조직은 조직 구성원의 동기부여 및 만족도 향상을 통해 조직의 목표 달성을 위한 효율성을 향상시킬 수 있다. 소통 중심 조직으로 전환하기 위해서는 조직 구성원들에게 소통에 대한 교육 및 훈련을 해야 하며, 구성원들이 효과적으로 소통 방법을 습득하고 소통의 중요성을 인식할 수 있도록 해야 한다.

협업 중심 조직으로 전환하자.

기술영업 전문가는 다양한 부서와의 협업이 중요한 영역으로, 협업 중심 조직으로 전환하여 고객의 요구를 충족시키기 위한 최적의 솔루션을 제공할 수 있도록 해야 한다. 협업을 통해 효과적으로 문제를 해결하기 위해서는 체계적인 협업 프로세스를 수립해야 한다. 협업의 목표, 단계, 역할, 책임 등을 명확하게 규정하여 구성원들이 협업에 참여하고 협업을 통해 문제를 해결할 수 있도록 해야 한다. 협업 중심 조직으로 전환하기 위해서는 구성원들에게 협업에 대한 교육 및 훈련을 실시해야 하며, 구성원들이 협업에 대한 이해를 높이고, 협업을 통해 문제를 해결할 수 있는 역량을 강화할 수 있도록 해야 한다.

의욕과 열정은 전염된다

"의욕은 전염된다."고 연구한 미국 퍼듀대학교 케이티 로스(Kate L Roth) 교수는 학생들을 대상으로 한 실험을 통해 의욕이 높은 학생이 다른 학생의 의욕을 높일 수 있다는 것을 발견했다고 한다. 그런가 하면 〈하버드 비즈니스 리뷰〉에 발표된 연구에서도 의욕이 높은 팀원은 의욕이 낮은 팀원보다 1.5배 더 많은 성과를 내는 것으로 나타났다고 한다.

이런 연구를 토대로 살펴볼 때 의욕적인 사람의 긍정적인 태도와 에너지는 다른 사람들에게도 영향을 미쳐 동기를 부여하고 노력을 북돋아 주는 힘이 있다고 볼 수 있다. 그렇기 때문에 기업이나 조직, 팀도 의욕이 넘치도록 할 필요가 있다.

반대로 기업에서 의욕을 저하하는 요인은 없는지도 살펴봐야 한다. 예를 들어 기술영업 전문가가 과다한 내부업무로 인한 서류작업이나 일일 보고서 작성 또는 고객사로부터 접수한 클레임 등과 같은 부정적인 요소를 시각화해 원인을 순차적으로 해결하면 실마리가 보이기 시작할 것이다.

사회학적으로 볼 때 사람들은 타인의 감정에 영향을 받으며 다른 사람의 행동을 모방하는 경향이 있어 기업이나 조직에서도 이런 현상을 활용해 업무 성과와 기여도에 따라 공정한 보상과 처우를 제공한다면 자신의 노력에 대한 보상을 받는 동시에 자긍심을 높여 의욕과 만족도를 높일 수 있을 것이다.

의욕이 있는 사람이 많을수록 조직의 분위기가 좋아지고 업무 효율 또한 높아질 수 있다. 따라서 의욕을 높이기 위한 노력은 개인과 조직 모두에게 도움이 된다고 볼 수 있다.

주변 사람들을 배려하고 겸손하자

기술영업 전문가에게 아무리 강조해도 지나치지 않는 것이 있다면, 예절을 바탕으로 한 배려와 겸손을 들 수 있다. 기술영업 전문가가 아니더라도 누구나 자신의 능력이나 지식, 업적을 과시하지 않고 상대방을 존중하는 겸손한 마음과 자세가 필요하다. 그리고 상대방을 배려하기 위해서는 먼저 상대방을 이해하고 존중하는 마음을 가져야 상대방의 입장에서 생각하고 상대방의 감정을 이해하고 공감할 수 있다.

이러한 배려와 겸손함은 상대방과의 관계를 원만히 유지하고 조직에도 긍정적인 영향을 미치는 데 중요한 역할을 한다.

필자의 경험을 얘기하자면, 기술영업 전문가 중 실적이 좋지 않을 경우에는 겸손하고 배려심이 많다 가도 큰 발주를 받아 실적을 내게 되면 배려심과 겸손함은 온데간데없고 오만해지는 경우를 종종 보곤 했다.

그러므로 기술영업 전문가가 아니더라도 누구나 배려하는 자세와 겸손한 마음 갖는 것을 습관화하기 위해 다음과 같이 노력하길 바란다.

겸손하기 위해선 우선 자신의 능력과 한계를 인식하자.

자신의 능력과 한계를 인식하면 자신의 능력을 과신하지 않고 상대방을 존중하는 마음과 자세를 가질 수 있다.

상대방의 말을 경청하자.

상대방의 말을 잘 듣고, 이해하는 것은 배려의 기본이다. 상대방의 말에 집중하고 피드백을 제공함으로써 상대방을 배려할 수 있다.

상대방의 입장을 공감하자.

상대방의 입장에서 생각하고 공감하는 것은 상대방을 존중하고 이해하는 마음의 표현이다. 상대방의 감정에 공감하고 위로를 건네줌으로써 상대방을 배려할 수 있다.

상대방을 도와주자.

상대방이 필요로 하는 것을 도울 수 있다면, 상대방을 돕고 편안하게 해주자. 그것은 배려의 표현이다. 작은 도움이라도 상대방에게 큰 힘이 될 수 있다.

상대방을 칭찬해 주자.

상대방의 좋은 점이나 노력을 칭찬함으로써 상대방을 기쁘게 하고 자신감을 높여주자. 그것은 배려의 표현이다. 칭찬은 의욕과 마찬가지로 상대방에게 긍정적인 영향을 미치고 관계를 돈독하게 해준다.

허위 또는 과장된 정보를 제공하지 말자

기술영업 전문가는 고객에게 제품이나 서비스를 판매하기 위해 허위 또는 과장된 기술정보를 제공하여 고객을 현혹해서는 안 된다. 허위 또는 과장된 기술정보를 제공하면 법적인 문제를 떠나 고객의 신뢰를 잃고 제품이나 서비스에 대한 불만을 가져 장기적으로 영업활동에 어려움을 겪을 수 있다.

기술영업 전문가는 실적에 대한 압박으로 고객의 요구 사항을 충족시키기 위해 제품이나 서비스의 장점을 부각시킬 때 간혹 허위 또는 과장된 기술정보를 제공하는 경우가 있을 수 있으니 주의가 필요하다.

기업과 조직에서는 기술영업 전문가가 고객에게 허위 또는 과장된 기술정보를 제공하지 않도록 주기적으로 교육하고 관리하는 것도 필요하고 중요하다.

기업은 회사를 대표하는 기술영업 전문가들에게 주기적으로 윤리교육을 하고 허위 또는 과장된 기술정보를 제공할 경우의 처벌 규정을 마련해야 한다.

고객에게 구매를 강요하지 말자

고객에게 제품이나 서비스 구매를 강요하지 않고, 고객의 의사를 존중하는 것은 기술영업 전문가가 지켜야 할 기본적인 자세이다. 이러한 자세를 바탕으로 고객에게 제품이나 서비스를 판매하거나 올바른 결정을 내릴 수 있도록 도움을 준다면 고객의 신뢰를 얻을 뿐만 아니라 지속적인 판매를 바탕으로 좋은 관계를 이어갈 수 있을 것이다.

고객이 제품이나 서비스를 구매할 의사가 없다면 강요해서는 안 된다. 만약 구매를 강요한다면 고객과의 관계가 악화되고 장기적으로 영업활동에 어려움을 겪을 수 있다.

기술영업 전문가가 고객에게 구매를 강요하지 않기 위해서는 다음과 같은 방법을 실천할 필요가 있다.

고객의 요구와 니즈를 파악한다.

기술영업 전문가는 고객의 요구와 니즈를 파악하고, 이를 충족시킬 제품이나 서비스를 제안해야 한다. 고객의 니즈를 파악하지 않고 무조건 제품이나 서비스를 판매하려고 하면 고객은 구매를 강요당하는 느낌을 받을 수 있다.

고객의 결정을 존중한다.

고객이 구매를 결정하지 않더라도 기술영업 전문가는 고객의 결정을 존중해야 한다. 고객의 결정을 존중하지 않고 계속해서 구매를 강요하면 고객은 해당 기술영업 전문가를 불쾌하게 느낄 수 있다.

고객에게 도움이 되는 정보를 제공한다.

기술영업 전문가는 고객에게 제품이나 서비스에 대한 정확하고 유익한 정보를 제공해야 한다. 고객에게 도움이 되는 정보를 제공하면 고객은 구매에 대한 신뢰를 가질 수 있다.

자사의 이익만을 추구하지 말자

기술영업 전문가는 고객을 상대로 기업의 매출을 올리고 이익을 창출하는 역할을 담당하고 있어 당연히 고객에게 제품이나 서비스를 판매해 이익을 추구하는 것이 중요하다. 그렇다고 해서 기술영업 전문가는 자사 이익만을 추구해서는 안 된다. 기술영업 전문가는 고객의 요구를 충족시키고 고객에게 도움이 되는 제품이나 서비스를 제공하는 것을 최우선으로 해야 한다.

따라서 기술영업 전문가는 자사 이익을 추구하면서도 고객의 요구를 충족시키고 고객에게 도움이 되는 제품이나 서비스를 제공할 수 있도록 노력해야 하며, 자사의 이익과 고객의 요구 사이에서 균형을 맞추는 것이 중요하다.

만약 기술영업 전문가가 자사의 이익만을 추구하여 고객의 이익을 저해한다면 고객의 신뢰를 잃고 장기적으로 영업활동에 어려움을 겪을 수 있다.

3. 동기부여와 보상도 함께 제시하자

기술영업 전문가의 동기부여와 보상은 기업의 매출과 성장에 중요한 영향을 미치기 때문에 기업은 기술영업 전문가의 목표 달성을 위해서 동기부여와 보상을 함께 제시하고 이를 상호 도움이 될 수 있도록 전략적으로 고려해야 한다.

동기부여는 기술영업 전문가가 목표를 달성하기 위해 노력하도록 하는 원동력이 되고, 보상은 기술영업 전문가가 목표를 달성했을 때 성취감을 느끼고 지속적으로 성과를 향상시키도록 하는 동기부여가 될 수 있다.

기업에서는 기술영업 전문가뿐 아니라 일반 직원들의 동기부여를 높이기 위해 많은 노력을 기울고 있으며, 학계에서도 동기부여에 대한 많은 연구가 진행돼 왔고 진행되고 있다.

그중에서도 미국 심리학자 에이브러햄 매슬로(Abraham Maslow)의 '욕구 5단계 이론'은 인간의 동기부여를 이해하는 데 중요한 이론이다. 매슬로의 이론에 따르면 개인의 욕구가 충족되면 다음 단계의 욕구가 동기를 부여한다는 이론이다. 따라서 개인의 욕구를 파악하고 그에 맞는 동기부여를 제공하는 것이 중요하다고 볼 수 있다.

매슬로의 욕구 5단계 이론은 인간의 욕구를 5단계로 분류하고, 각 단계의 욕구가 충족되면 다음 단계의 욕구가 동기를 부여한다는 이론이다.

1단계인 생리적 욕구(Physiological Needs)는 인간의 가장 기본적인 욕구로 음식, 물, 공기, 성욕, 수면 등이 포함된다. 이러한 욕구가 충족되지 않으면 생존에 위협을 받게 된다.

2단계인 안전의 욕구(Safety Needs)는 신체적인 안전과 심리적인 안정을 추구하는 욕구이다. 인간은 안전한 환경에서 생활하고 질병이나 사고로부터 보호받고 싶어 한다.

3단계인 사회적 욕구(Social Needs) 또는 소속과 애정의 욕구는 가족, 친구, 동료 등과 친밀한 관계를 형성하고 싶어 하는 욕구이다. 인간은 모두가 사랑받고 소속감을 느끼고 싶어 한다.

4단계인 존중의 욕구(Esteem Needs) 또는 존경의 욕구는 타인이나 상대방으로부터 인정받고, 존중받고 싶어 하는 욕구이다. 인간은 모두가 성공하고 능력을 발휘하여 사회에 기여하고 싶어 한다.

끝으로 5단계인 자아실현의 욕구(Self-actualization Needs)는 자신의 잠재력을 최대한 발휘하고 자기 삶의 의미를 찾고 싶어 하는 욕구이다.

매슬로의 욕구 5단계 이론은 인간의 욕구를 파악하고 이해는 데 중요한 이론이다. 이 이론을 이해함으로써 개인과 조직의 효과적인 관리와 발전에 기여할 수 있을 것이다.

인간은 기본적으로 독창적이고 창의적인 일을 하고, 사회에 긍정적인 영향을 미치고 싶어 하기에 목표 달성을 유도하기 위해서는 개인의 욕구를 파악하고, 그에 맞는 동기부여 전략을 수립해야 한다. 따라서 직원에게 경제적인 보상을 제공하여 생리적인 필요를 충족시키고, 인정과 자아실현 기회를 제공하여 높은 수준의 동기부여를 유발할 수 있게 하는 것이 중요하다.

매슬로의 욕구 5단계 이론을 활용해 몇 가지 상황을 예로 들어 살펴보고 대안을 생각해 보기로 하자.

- 생리적인 욕구가 강한 사람에게는 금전적인 보상이나 복리후생을 제공하는 것이 효과적일 수 있다.
- 안전의 욕구가 강한 사람에게는 안정적인 직장환경이나 승진 기회

를 제공하는 것이 효과적일 수 있다.

- 사회적인 욕구가 강한 사람에게는 동료들과 협업 기회나 인정을 제공하는 것이 효과적일 수 있다.
- 존중의 욕구가 강한 사람에게는 성취감이나 도전감을 제공하는 것이 효과적일 수 있다.
- 자아실현 욕구가 강한 사람에게는 자기계발 기회나 창의성을 발휘할 수 있는 기회를 제공하는 것이 효과적일 수 있다.

그러나 모든 사람이 매슬로의 욕구 5단계 이론에 따라 욕구를 느끼는 것은 아니기에 개인의 성격, 가치관, 사회적인 요인과 심리적인 요소 등에 따라 욕구의 우선순위가 달라질 수 있다.

이러한 동기부여 이론은 기업이나 조직의 목표를 달성하는 데 중요한 요소가 되기 때문에 기술영업 전문가나 일반 직원을 효과적으로 관리하고 조직의 성과를 향상시키고 생산성을 높이기 위해서는 직원들의 필요와 욕구를 다양한 계층이나 다양한 범주로 구분하고, 이러한 욕구가 어떻게 충족될 수 있는지 고민하고 적용해 보면서 지속적으로 개선해 가야 한다.

동기부여 요인은 크게 금전적인 보상과 비금전적인 보상으로 나눌 수 있다.

금전적인 보상은 우선 직급, 경력, 성과에 따라 차등 지급되어야 하는 급여가 있으며, 성과에 따라 추가적인 보상을 제공하는 인센티브와 건강보험, 연금, 휴가, 교육비 지원 등 다양한 복리후생 등을 활용할 수 있다. 그런데 기술영업 전문가나 일반 사원에게는 가장 기본적이고 중요한 동기부여 요인으로도 볼 수 있다. 특히 기술영업 전문가는 높은 수준의 기술 전문성과 노력을 필요로 하기 때문에 이에 상응하는 금전적인 보상이 제공되어야 한다.

비금전적인 보상은 인정, 도전, 성장, 소속감 등을 포함하고 있어 기술영업 전문가의 성취 욕구와 자아실현 욕구를 충족시켜준다. 이를 위해 기술영업 전문가는 고객의 니즈와 요구를 파악하고 이를 해결하기 위해 노력하는 과정에서 성취감을 느끼며, 자신의 역량을 발전시켜 나가는 데에서도 도전감을 느끼게 된다. 또한 이를 통해 조직의 일원으로서 소속감을 느끼고 회사의 성장에 기여한다는 성취감도 느껴 금전적인 보상과 함께 선순환 구조로 자리 잡아가게 된다.

기술영업 전문가의 동기부여를 높이기 위해서는 효과적인 관리와 주기적으로 피드백을 주는 것도 좋은 방법이다.

기업은 개인과 팀의 동기부여를 높이기 위해서 투명성, 공정성, 적절성과 같은 사항에 유의해 관리함으로써 기술영업 전문가의 역량을 최대한 발휘할 수 있도록 하고, 기업의 매출과 성장을 촉진할 수 있게 해야 된다.

첫째, 투명성으로 보상 기준과 절차를 투명하게 공개하여 기술영업 전문가가 자신의 성과에 따른 보상을 받을 수 있다는 확신을 심어줘야 한다.

둘째, 공정성으로 모든 기술영업 전문가가 공정한 보상을 받을 수 있도록 성과 평가 기준을 객관적으로 설정하고 평가 과정을 공정하게 진행한다.

셋째, 적절성으로 기업의 전략과 목표 그리고 기술영업 전문가의 직급, 경력, 시장 환경 등을 고려하여 적절한 보상을 제공해야 한다.

그러나 매슬로의 욕구 5단계 이론을 활용한 동기부여만으로 기술영업 전문가의 발전을 도모한다면 골프를 배울 때 프로의 레슨 없이 혼자서 연습하다가 자세가 망가지고 실력이 향상되지 않는 것과 같다. 기술영업 전문가도 자신이 설정한 목표에 대한 성과를 주기적으로 피드백을 받아야 성장할 수 있게 된다. 그러므로 회사는 적어도 분기별 성과에 대한 긍정적인 피드백이든 부정적인 피드백을 당사자에게 제공해야 한다. 긍정적인 피드백은 기술영업 전문가의 사기를 높이고, 부정적인 피드백은 기술영업 전문가의 개선점을 찾아내는 데 도움이 된다.

기술영업 전문가의 보상은 기업의 전략과 목표 그리고 기술영업 전문가의 직급, 경력, 시장 환경 등을 고려하여 설계되어야 하며 경쟁력 있는 보상을 제공해야 한다. 기업의 전략과 목표에 부합하는 보상은 기술영업 전문가의 동기부여를 높이고 기업의 매출과 성장에 기여할 수 있다.

4장 기술영업 전문가의 목표 설정하기 요약정리

◆ 자기에게 맞는 목표 설정하기

목표를 잡을 때는 애매한 표현을 피하고, 목표를 숫자로 정확히 설정하고, 목표를 달성할 기간을 정확히 정해야 기술영업 전문가의 동기부여를 높일 수 있고 업무 성과 향상을 도모할 수 있다. 목표 설정을 잡을 때 명확히 해야 하지만, 목표 설정은 과하지 않게 달성 가능한 범위 안에서 잡는 것이 좋다. 심리학에서 적당한 스트레스와 자극으로 적당한 각성상태에 있을 때 최상의 능력 발휘를 한다고 하니 시장 상황에 따라 다를 수 있겠지만 일반적으로 전년 목표 대비 120~125% 정도가 적당하다.

목표 설정은 크게 수치적인 목표와 비수치적인 목표로 나눌 수 있는데, 수치적인 목표는 매출, 신규 고객 수, 계약 건수 또는 계약 금액 등과 같이 숫자로 나타낼 수 있는 목표를 말하며, 비수치적인 목표는 고객 만족도, 브랜드 인지도, 기술력 향상 등과 같이 숫자로 나타내기 어려운 목표를 말한다. 기술영업 전문가에게는 기본적으로 수치적인 목표를 잡을 것을 추천하며, 그렇다고 비수치적인 목표를 잡지 말라는 것은 아니다.

◆ 해야 할 일과 하지 말아야 할 일을 구분하자

이탈리아 경제학자 빌프레도 파레토(Vilfredo Pareto)에 의하면 "전체 결과의 80%는 전체 원인의 20%에서 일어난다."라는 법칙이 있는데. 이를 바탕으로 기술영업 전문가들은 전체 고객 중에서도 가

현장실무자를 위한 **영업관리와 기술영업 비법**

장 큰 매출을 창출하는 고객이나 지속적인 매출을 발생시키는 20%의 고객에게 집중하는 전략이 필요하다. 그렇다고 20% 이하, 즉 나머지 80%의 안건을 소홀히 하라는 것이 아니라 상위 20%의 제안서에 우선 집중하라는 얘기이다.

기술영업 전문가에게 가장 중요한 것은 전문적인 기술지식을 바탕으로 고객을 방문해 고객의 니즈를 파악하고, 이를 해결할 수 있는 제품이나 서비스를 제안하는 것이 주된 업무이다. 그러나 주기적으로 고객 방문을 하지 못하거나 안 한다면 고객의 니즈를 파악하지 못할 수 있으며, 곧 고객이 원하는 제품이나 서비스를 제안할 수 없을 수도 있어 결국 영업 실패로 이어질 수 있으니 내근 업무를 최소화하고 효율화할 필요가 있다. 그렇다고 내근 업무를 소홀히 하거나 하지 말라는 것은 절대 아니다.

기존 조직문화를 바꾸기는 쉽지 않은 일이지만, 고객 중심적으로 조직문화를 바꿔보자. 고객 중심 사고로 전환하기 위해서는 먼저 조직 분위기를 긍정적이고 의욕과 열정이 있도록 바꾸면서도 주변 사람들을 배려하는 겸손한 자세를 가지도록 해 순차적으로 고객 중심적으로 충분한 시간을 두고 바꾸어 가야 한다. 기존 조직문화를 바꾸기 위해서는 각각의 부서별 의견과 관계된 조직의 소문화가 있으므로 GWP(Great Work Place; 일하기 좋은 일터) 등을 활용, 조직원들에게 영향을 미치는 것을 찾아내 사소한 것이라도 존중하고 수렴하여 하나 된 목표인 고객 중심 사고로 전환해 가도록 해야 한다.

기술영업 전문가는 고객에게 제품이나 서비스를 판매하기 위해 구매를 강요하거나 허위 또는 과장된 기술정보를 제공하여 고객을 현혹해서는 안 된다. 강매나 허위 또는 과장된 기술정보를 제공하면 법적인 문제를 떠나 고객의 신뢰를 잃고 제품이나 서비스에 대한 불만을 가져 장기적으로 영업활동에 어려움을 겪을 수 있다.

◆ 동기부여와 보상도 함께 제시하자

기술영업 전문가의 동기부여와 보상은 기업의 매출과 성장에 큰 영향을 미치기 때문에 기업은 기술영업 전문가의 목표 달성을 위해서 동기부여와 보상을 함께 제시하고, 이를 상호 도움이 될 수 있도록 전략적으로 고려해야 한다. 동기부여는 기술영업 전문가가 목표를 달성하기 위해 노력하도록 하는 원동력이 되고, 보상은 기술영업 전문가가 목표를 달성했을 때 성취감을 느끼고 지속해서 성과를 향상시키도록 하는 동기부여가 될 수 있다. 기술영업 전문가의 보상은 기업의 전략과 목표 그리고 기술영업 전문가의 직급, 경력, 시장환경 등을 고려하여 설계되어야 하며 투명성, 공정성, 적절성을 고려해 경쟁력 있는 보상을 제공해야 한다.

5장

목표 달성을 위한
자세와 전략

5장 목표 달성을 위한 자세와 전략

1. 목표 달성을 위한 자세

고객 중심적인 사고를 하고, 할 수 있다는 자신감을 갖자

'너희는 강하고 담대하라 두려워하지 말라'(신명기 31장 6절)는 필자가 좋아하는 성경 구절로 항상 마음에 새기고 모든 일을 할 때마다 마음속으로 반복해 읽으면서 자기최면을 걸어 나도 모르게 자신감과 자기 확신의 힘을 얻곤 한다. 여러분들도 자신감과 용기를 북돋을 수 있는 자기만의 최면 방법을 찾길 바란다. 물론 자신감을 갖기 위한 마음에 최면을 거는 것은 기술영업 전문가 자신만이 필요한 것이 아니라 모든 사람에게 필요할 것이라 생각한다. 고객과 신뢰가 형성된 기술영업 전문가가 자신감 있게 고객에게 제안서와 기술 사양서를 제출한다면 고객도 해당 기술영업 전문가의 말을 믿고 제품을 구매하는 데별 망설임이 없겠지만, 만약 기술영업 전문가가 자신감 없는 영업 태도로 고객을 설득하려 한다면 구매하려는 확신을 심어 주기가 힘들 것이다.

기술영업 전문가가 자신감을 갖기 위해선 자기최면 방법으로만은어렵다. 자신이 판매하는 제품과 서비스에 대한 전문 지식을 바탕으로 한 자신감과 영업능력에 대한 자신감이 더 중요하므로 두 가지 모두 가지고 있어야 한다.

기술에 대한 자신감은 기술영업 전문가가 고객의 요구 사항을 정확하게 파악하고 적합한 솔루션을 제시할 수 있는 필수 요소이다.

지속적으로 이 책을 통해 강조하는 얘기지만, 기술영업 전문가는 자신이 판매하는 제품이나 서비스의 기술적인 특징, 장단점, 경쟁사 제품 정보를 숙지하고 비교할 수 있어야 한다. 그리고 자사 제품과 서비스와 관련된 기술과 시장 동향을 파악해 고객의 비즈니스 환경과 요구 사항에 맞는 솔루션을 제시할 수 있는 능력 또한 갖추어야 한다.

영업능력에 대한 자신감은 기술영업 전문가가 고객을 설득하고, 계약을 성사시킬 수 있는 능력으로 고객이 자신이 판매할 제품이나 서비스에 대해 관심을 갖게 하고 고객이 구매를 결정할 수 있게 도움을 줄수 있는 커뮤니케이션 능력과 전략을 갖춰야 한다.

그리고 기술영업 분야는 일반적으로 제품과 서비스를 필요로 하는 고객 쪽에서 먼저 기술영업 전문가를 찾거나 기술영업 전문가가 잠재적인 고객을 발굴해 자사 제품과 서비스를 설명한 후 고객의 요구와 니즈에 적합한 솔루션을 제안하면서 관계 형성이 이뤄지기 때문에 기술적으로 상호의존도가 강하다.

또한 다른 사업 분야와 다르게 기술영업 전문가와 고객은 상호 보완적인 대등한 관계이면서도 고객 쪽에서 기술영업 전문가에게 기술적으로 의존도가 높은 편이다. 그렇기 때문에 전문성을 가지고 자기 확신이 강한 기술영업 전문가일수록 어려움에 굴하지 않고 목표를 달성하기 위해 노력할 수 있으므로 기술적인 역량과 영업능력을 지속적으로 향상시켜 자신감을 키울 필요가 있다.

목표 달성을 위한 슬로건을 활용하자

기술영업 전문가의 목표 달성을 위한 핵심내용을 슬로건으로 작성해 누구나 볼 수 있는 위치에 붙여 놓고 기술영업 전문가들에게 목표를 공유하게 되면 목표를 상기시키고, 이를 달성하기 위해 노력하도록 동기를 부여하는 동시에 성과를 확인하는 데 도움을 주는 한편, 팀원들이 같은 목표를 향해 노력함으로써 서로 협력하면서 팀워크 (Team Work)를 강화할 수 있는 장점이 있다.

기술영업 전문가나 해당 관계자들이 이 슬로건을 마음에 새기고 실천한다면 목표 달성은 한층 더 수월해질 수 있을 것이다.

목표 달성을 위한 슬로건을 작성할 때는 추구하는 핵심내용이 한눈에 들어오고 기억하기 쉬우면서 짧고 간결해야 하며, 목표를 명확하게 표현하고 달성하려는 방법이 구체적이어야 하고, 목표 달성을 위한 동기부여와 도전 의식을 고취해야 한다.

필자의 경우 매년 다이어리 첫 장에 적는 슬로건이 있어 공유하자면 '고객 만족을 최우선으로, 우선 방문하자.'란 문구를 적은 다음 구체적으로 '매월 2억 원 이상 달성!'이란 문구를 새로운 해를 시작할 때마다 신년 다이어리 첫 장에 네임펜으로 적어 놓고 실천했던 기억이 있다.

기술영업 전문가라면 매년 시작할 때 팀 슬로건과 별도로 자신에 맞는 목표를 설정하고, 자신만의 슬로건을 작성하고, 실천해 간다면 자신감도 높이고 목표를 달성하는 데도 큰 힘이 될 것이다.

기술영업 전문가는 기본에 충실하자

기술영업 전문가의 첫 번째 기본은 앞에서 설명한 기술영업 전문가로서의 자세와 윤리를 지키는 것이다. 기술영업 전문가는 회사를 대표할 수 있는 중요한 최전방 공격수로 자사 제품이나 서비스를 판매하면서 고객의 어려움이나 문제를 접했을 때는 팀워크를 활용해 적합한 솔루션을 제공해 문제를 해결하는 것이 더 중요하다. 그기기 위해서 기술영업 전문가는 우선 깨끗한 외모와 밝은 인상을 심어주기 위한 노력을 해야 하고, 기술에 대한 이해와 전문성, 친절함과 신뢰를 바탕으로 한 커뮤니케이션 능력, 신뢰감을 심어줄 수 있는 자신감과 적극성이 필요하다.

기술영업 전문가의 두 번째 기본은 기술영업사원으로서 자질과 역할을 키우고 향상시키는 데 충실해야 한다. 기술영업 전문가는 회사를 대표해 기업의 매출과 이익을 창출하기 위해 필요한 자질로 우선 고객을 설득할 수 있도록 자사 제품과 서비스뿐만 아니라, 관계된 기술과 시장에 대한 높은 이해도를 갖춘 전문성이 있어야 한다. 그리고 고객과 원활한 의사소통과 제품 설명이 가능한 커뮤니케이션 능력, 어려움을 극복하고 목표를 달성하기 위한 성실성, 고객의 요구를 경청하고 충족시킬 수 있는 고객 중심 사고, 제품이나 서비스의 판매를 통해 매출을 창출할 수 있는 영업능력 그리고 마지막으로 예상치 못한 다양한 문제를 조율하고 해결할 수 있는 협업을 통한 문제해결 능력과 협상 능력이다.

기술영업엔 뭔가 특별한 영업 비법이 있는 것이 아니라 열정을 가지고 기본에 충실하면서 노력하는 것만이 최고의 비법임을 다시 한번 인지해 주길 바란다.

그러나 현장에서 일하다 보면 많은 기술영업 전문가들이 기본이 매우 중요하고 누구나 기본에 충실해야 한다는 것은 알지만, 일하다 보면 바쁘고 시간에 쫓기게 돼 기본과 원칙을 간과하는 경우가 많아 아쉬울 때가 있다.

정보 수집과 시장조사에 집중하자

기술영업 전문가는 경쟁사 정보 수집과 고객사 비즈니스 동향 및 관련된 시장조사에 집중해야 한다. 경쟁사 정보는 고객과 네트워크를 활용해 주기적으로 파악하고, 경쟁사의 홈페이지나 경쟁사와 관련된 행사나 콘퍼런스 등에 참석해 경쟁사 제품과 서비스 라인업, 영업전략, 고객과 시장, 제품과 서비스에 대한 장단점을 파악해 경쟁우위를 확보할 수 있다.

기술영업 전문가가 속해 있는 기술시장이 빠르게 변화하고 고객의 요구가 다양해지고 있기 때문에 고객사 비즈니스 동향과 관련된 시장조사를 통해 고객사의 투자계획과 시장 규모와 성장률 등 정보를 미리 취득해 선제적으로 영업과 고객의 요구를 충족시킬 수 있는 솔루션을 경쟁사보다 먼저 제공할 준비가 필요하다. 아울러 고급정보는 고객과의 친분 또는 소통으로부터 나오기 때문에 현장영업을 통해서 자사 제품과 서비스를 구매할 수 있도록 고객사의 사양서에 자사 제품과 서비스에 대한 특징을 기재할 수 있도록 해야 경쟁력을 확보할 수 있다.

기술영업 전문가 자신의 장점을 파악하자

필자가 신입사원을 채용할 때 지원자들에게 "본인의 장점과 단점이 무엇이냐?"고 물어보는 경우가 종종 있다. 그런데 답변 중에는 장점보다는 단점을 더 많이 얘기하면서 보완해 가는 중이란 답변이 많다는 것을 알게 되었다. 물론 '겸손의 미덕'이란 한국 문화의 특성 때문일 수도 있지만, 기술영업 전문가는 사소한 것이라도 자신의 단점보단 장점을 먼저 파악할 필요가 있다고 본다. 모든 사람은 사실 많은 재능을, 즉 장점을 가지고 있음에도 당연하게 생각하고 있을 수 있으므로 자신이 가지고 있는 장점을 모르는 경우가 허다하다. 예를 들어 '노래를 잘한다.', '술을 잘 마신다.', '유머 감각이 좋다.' 등은 기술영업 측면에서 장점 중의 장점이 될 수 있다.

기술영업 전문가라면 자신의 장점의 숫자가 단점보다 적어도 상관없으니 아무리 사소한 것이라도 우선 장점을 모두 기록해 보고 다음에 단점도 기록해 보자. 이를 통해 장점은 더욱 발전시키고 단점은 보완해 가면 될 것이다. 만약 스스로 자신의 장점과 단점을 파악하기 힘들다면 주변 동료나 전문가의 도움을 받아 보다 정확하게 파악하는 것도 방법이다.

필자의 경험을 얘기하자면, 마케팅에서 기초적인 분석 도구인 'SWOT' 분석을 통해 필자의 장단점을 파악해 활용했듯이 여러분도 'SWOT' 분석을 통해 각자의 장단점을 파악하는 것도 좋은 방법이 될 것이다.

참고로 노파심에 얘기하자면, 만약 경험이 부족한 신입 기술영업 전문가가 경험이 없어서 영업 측면으로 봤을 때 단점이라고 말한다면 어폐가 있어 보인다. 왜냐하면 고객 취향에 따라 노련한 기술영업 전문가를 선호하는 경우도 있고, 고객 중엔 경험이 없는 신입 기술영업 전문가의 한결같은 자세와 정직함이 고객의 마음을 움직이게 하는 경우도 있기에 경험이 없는 것도 장점이 될 수 있으니 신입 기술영업 전문가들도 자신감을 갖기 바란다.

다시 한번 상기해 보자면, 기술영업 전문가는 자신의 장점과 단점을 파악해 장점은 더욱 향상시키고, 단점은 보완해 장점으로 발전시킨다면 장점의 숫자가 늘어날수록 자신감이 생겨 영업실적을 향상시키고 고객에게 더 나은 서비스를 제공할 수 있을 것이다.

기술영업 전문가는 배우이다

기술영업 전문가는 고객과 함께 있을 경우 상황에 따라 배우와 같이 다양한 역할을 소화하고 감당할 능력이 필요한데, 고객을 상대로 회사를 대표하는 역할부터 말단 직원 역할까지 등 다양한 역할을 감당하고 또 할 수 있어야 고객과의 친밀한 관계를 더욱 발전시키고 지속할 수 있다.

기술영업 전문가와 배우는 비슷한 점이 많은데 둘 다 맡은 배역, 즉 역할과 상황에 따라 타인의 마음을 움직여야 한다는 것이다. 배우는 관객의 마음을 움직여야 하고, 기술영업 전문가는 고객의 마음을 움직여야 한다. 그러므로 둘 다 타인의 입장에서 생각하고 타인의 감정을 이해할 수 있어야 한다.

배우가 자신이 맡은 배역에 따라 연기를 하듯이 기술영업 전문가도 상황에 따라 상황에 맞는 역할을 해야 한다. 예를 들면 고객이 원하는 제품이나 서비스가 있다면 판매자 역할을 해야 하며, 고객과 식사를 할 땐 식당에서의 맞는 역할을 해야 하며, 함께 운동이나 골프를 쳐야 한다면 운동에서의 맞는 역할을 해야 한다. 더구나 고객과 술자리가 있다면 술자리에서의 맞는 역할을 해야 하며, 혹시라도 고객과 노래방을 가게 된다면 노래방에서의 맞는 역할을 해야 하기 때문에 진정성을 가지고 다양한 역할을 수행하고 감당할 수 있어야 하므로 약간의 노력도 필요하다.

그리고 기술영업 전문가와 배우는 둘 다 모두 성공과 실패를 반복하면서 성장한다는 공통점도 있는데, 기술영업 전문가는 고객을 설득하지 못하면 실패를 맛보게 되고, 배우도 관객의 반응이 좋지 않으면 실패를 경험하게 된다. 따라서 둘 다 모두 실패를 두려워하지 말고 실패를 경험해도 열정과 절실한 마음으로 포기하지 않고 계속해서 노력하는 자세가 필요하다.

일정한 업무 시간과 규칙을 만들자

기술영업 전문가는 고객의 요구를 파악해 적합한 제품과 서비스에 대한 제안서 및 영업자료 작성, 고객과의 미팅, 제품이나 서비스에 대한 기술습득 및 연구, 회사 내부에서 요구하는 업무 등을 수행해야 한다. 이러한 다양한 업무를 효과적으로 수행하기 위해서는 일정한 업무 시간과 규칙을 만드는 것이 중요하다.

일정한 업무 시간과 규칙을 만들면 업무에 집중할 수 있는 시간을 확보하고 업무를 체계적으로 관리할 수 있어 업무 효율성을 높일 수 있다.

외부 업무가 많은 기술영업 전문가가 다양한 업무를 효율적으로 수행하기 위해서는 필자가 경험한 것을 바탕으로 다음과 같이 하기를 권한다.

첫째로, 출근 전이나 출근할 때 하루를 활기차고 의욕적으로 업무를 시작할 수 있는 습관이나 규칙을 만들어 보자. 예를 들면 사랑하는 가족사진을 본다든가 가벼운 운동이나 스트레칭을 하는 것도 좋은 습관일 듯싶다.

둘째로, 업무의 시작은 일반적으로 자기 책상에서부터 시작하므로 출퇴근 시에 책상을 깨끗이 정리하는 습관을 갖자. 책상이 정리되어 있으면 업무에 필요한 자료를 쉽게 찾을 수 있고 업무에 더욱더 집중할 수 있을 것이다. 또한 책상이 깨끗하면 심리적으로 안정감을 주고 영업에 필요한 창의력을 높이는 데 도움이 된다. 물론 주위 동료들에게도 좋은 인상을 줄 것이다.

셋째로, 조금 힘들더라도 아침에 조금 일찍 출근해 내근 업무를 처리하고 오후에 고객을 방문하는 것을 추천하고 싶다.

현장실무자를 위한 **영업관리와 기술영업 비법**

아침에는 밤새 숙면을 취한 후 신체와 정신이 가장 활발한 상태로 업무 집중도가 높으므로 오전 중에는 가능한 한 머리를 쓰는 창의적인 일이나 중요한 업무를 보는 것이 좋으며, 특히 오전 11시 30분 전까지 내부업무처리를 하는 것을 권한다.

오후에는 특별한 일정이 없다면, 고객과 상담이나 회의를 잡아서 방문해 영업활동을 하는 것이 좋으며, 회사로 복귀해서나 고객사에서 바로 퇴근 시에도 다음날 할 일들을 시각화하고 정리해 놓을 것을 권한다.

이렇게 일정한 업무 시간과 규칙을 정하면 업무효율을 높일 뿐 아니라 개인적인 삶의 균형을 맞출 수 있고, 업무 스트레스도 줄여 건강을 유지할 수 있으며, 목표를 달성하는 데도 긍정적인 영향을 줄 수 있다.

목표 달성을 위해 건강관리를 하자

기술영업 전문가는 고객의 요구를 파악하고, 그에 적합한 제품이나 서비스를 제안하기 위해서 꼼꼼한 분석과 설득력 있는 커뮤니케이션 능력이 필요하다. 그렇게 하기 위해서 기술영업 전문가는 건강관리를 위해 신체·정신적 건강을 유지하는 것이 필요하다.

필자가 30년간 기술영업을 해오면서 '영업에서 가장 중요한 요소가 무엇이냐?'고 묻는다면 망설임 없이 '건강이며 건강관리와 스트레스 해소'라 할 것이다. 그도 그럴 것이 인생이든 업무이든 건강을 잃으면 모든 것을 잃는 것이기 때문이다. 기술영업 전문가는 고객과 잦은 미팅이나 출장 등으로 인해 바쁜 일정과 예상치 못한 업무 외 일정을 소화해야 하기에 퇴근 시간 또한 불규칙적일 수 있다. 물론 이와 비슷한 일은 모든 직장인의 공통된 현실이기도 할 것이다.

건강관리를 통해 기술영업 전문가가 목표 달성을 위해 얻을 수 있는 이점이 많으므로 중요한 몇 가지만 정리하니 참고하고 건강관리에 최선을 다하길 바란다.

첫째, 건강한 신체와 정신은 업무에 집중력과 창의력을 높여 업무효율을 향상시킬 수 있다.

둘째, 건강한 기술영업 전문가는 고객에게 신뢰감과 전문성을 줄 수 있다.

셋째, 건강관리를 통해 개인의 성장과 발전을 도모할 수 있다.

목표 달성과 행복한 삶을 위해 건강관리의 이점이 많기에 몇 가지 건강관리법을 소개하니 모두 실천해 보길 권한다.

- 규칙적인 운동은 신체적 건강을 유지하고, 스트레스를 해소하는 데 도움이 되기에 주 3~5회, 30분 이상 가벼운 운동을 하는 것이 좋다.
- 균형 잡힌 식단은 신체·정신적 건강을 유지하는 데 필수 요소로, 한의학에서 섭생은 건강을 유지하고 질병을 예방하기 위한 가장 중

요한 생활 습관이라고 한다.

- 충분한 수면은 신체와 정신을 회복하고, 업무효율을 높이는 데 도움이 되므로 하루에 적어도 7~8시간 수면을 취해야 한다.
- 스트레스는 신체·정신적 건강에 악영향을 미칠 수 있어 운동이나 적절한 휴식 등을 통해 스트레스 해소 및 관리에 최선을 다하자.

기술영업 전문가는 건강관리를 통해 신체·정신적 건강을 유지하고, 목표 달성을 위한 경쟁력을 강화할 수 있어 건강관리를 생활화하기 위해 노력해야 한다.

일할 때와 쉴 때를 구분하자

기술영업 전문가뿐만 아니라 일반 직장인들도 일과 삶의 균형을 유지하는 것이 중요하다. 일과 삶의 균형이 잘 맞지 않으면 업무에 집중하기가 어렵고 스트레스를 받기 쉽다. 또한 건강에도 좋지 않은 영향을 미칠 수 있어 주의가 필요하다.

일 잘하고 실적이 좋은 기술영업 전문가일수록 스스로 '일할 때'와 '쉴 때'를 잘 알고 '쉴 때'와 '일할 때'를 확실히 정해 놓고 업무를 보는 것을 알 수 있다.

기술영업 전문가나 일반 직장인들에게 일과 삶의 균형을 유지할 수 있도록 하고자 몇 가지 제안을 하니 처음에는 어렵겠지만 따라 해 보기를 권한다.

- 일과 휴식시간을 구분해 일할 때는 업무에 집중하고, 쉬는 시간에는 업무와 관련된 생각을 하지 않는 것이 좋다.
- 매일 30분 정도 낮잠을 확보해 피로를 해소하자.
- 정시에 퇴근하는 날을 정해 매주 수요일은 가족과 나를 위해 '가족의 날'로 정하고 '칼퇴근'하자.
- 한 달에 한 번은 휴가를 정해 휴가계획을 세우고 나만의 휴식이나 여행을 떠나자.
- 규칙적인 생활은 스트레스를 줄이고 업무 효율성을 높일 수 있다.
- 취미 활동은 스트레스 해소와 활력 및 재충전에 도움이 된다.

기술영업 전문가는 이러한 일과 삶의 균형을 잘 맞추기 위한 노력을 통해 업무효율을 높이고, 건강을 유지하고, 삶의 만족도를 높일 수 있을 것이다.

배움을 게을리하지 말자

기술영업 전문가는 제품이나 서비스의 기술적인 부분을 잘 이해하고, 고객의 요구를 잘 파악하여 적절하고 적합한 솔루션을 제공하는 것이 중요하다. 그러기 위해서 기술영업 전문가는 기술과 영업의 두 가지 분야에 대한 전문성을 갖춰야만 고객을 설득하고 계약을 성사시키기가 수월해진다.

만약 기술영업 전문가가 기술에 대한 지식이 부족하거나 자사 제품 및 서비스에 대한 이해가 부족하다면 고객의 요구를 이해하고 제품과 서비스에 대한 적합한 솔루션을 제안하는 데 한계가 있다. 따라서 기술영업 전문가는 자신의 기술적인 전문성과 제품에 대한 이해도가 부족함을 신속히 인지하고, 관련한 기술적인 부분과 제품에 대해 꾸준히 배우고 노력해 지속적으로 전문성을 발전시킨다면 성공적인 기술영업 전문가가 될 수 있을 것이다.

기술영업 전문가가 기술과 영업능력을 향상하기 위해 배우고 학습하는 데 귀찮아하지 말고 시간을 아까워 말아야 함에도 불구하고, 무언가 배운다는 것이 바쁘다는 핑계와 귀찮음이 지배하는 현실은 그리 녹록하지 않은 것이 사실이다.

바쁘고 귀찮고 힘들겠지만, 잘나가는 기술영업 전문가가 되기를 원한다면 기술 관련 서적과 영업 관련 서적을 틈틈이 읽기를 권하고, 관련 세미나 참석 및 관련 전문가 교육을 받는 것도 좋다. 또한 동료나 선배의 경험을 공유하는 것도 좋은 방법이니 지속해서 자기계발에 최선을 다하길 권한다.

2. 고객사별 입찰방식과 절차를 파악하고 숙지하자

이번 장에서는 우선 기술영업 전문가가 고객사의 입찰방식과 절차를 정확히 파악하지 못해 너무 허무하게 낙찰받지 못했던 세 가지 사례와 입찰방식과 절차에 관해 설명하려고 한다.

첫 번째 탈락 사례는 고품질 펌프 제조로 유명한 A사의 사업자가 설계, 조달, 시공 등 모든 업무를 원스톱으로 처리해 주는 국내 EPC(Engineering, Procurement, Construction) 업체인 B사의 대형 펌프 구매 공개입찰에 참여했지만, 기술적으로 우위에 있음에도 입찰 방식과 절차를 파악하지 못해 기술검토 단계도 못 가보고 탈락한 사례이다. 고객사인 EPC 업체 B사는 경쟁입찰방식을 채택하고 있었기에 우선으로 입찰에 참여한 여러 업체 가운데 대략적인 기술검토를 통해 우선 물품 대금합계 기준으로 저가로 입찰한 3~4개의 공급사를 일차적으로 선정한 후 대상 업체들만 기술적 평가(Technical Bid Evaluation : TBE) 기회를 얻게 된다. 기술적 평가(TBE) 단계를 거친 후, 이 중에서 또 기술적으로 문제가 없는 업체를 상대로 상업적 평가(Commercial Bid Evaluation : CBE)를 실시해 가격으로 경쟁력이 있는 업체와 계약하는 방식이다.

그러나 A사의 기술영업 전문가는 입찰 초기에 B사의 경쟁입찰방식과 절차를 정확히 파악하지 못해 고객사의 사양서에 따라 견적 시 필요항목만 주 견적서에 포함해 최적화시키지 못했고 금액적으로 경쟁력 있는 견적서를 제출하지 못해 금액이 너무 비싸서 B사의 1차 공급사 선정단계에서 탈락한 사례이다.

두 번째 탈락 사례는 친환경 펌프 제조로 유명한 N사는 고객사인 S사의 열매유(Hot Oil) 펌프 구매 제한 입찰에 참여했지만, S사에 많은 납품실적과 평판이 좋았음에도 입찰방식과 절차를 파악하지 못해 기술검토 단계도 가보지 못하고 탈락한 사례이다. 고객사인 S사는 전자입찰(e-Bidding)을 활용한 지명입찰방식을 채택하고 있었기에 우선으로 제한 입찰에 참여한 2~3개 업체 가운데 기술적 평가(Technical Bid Evaluation : TBE) 후 기술적으로 문제가 없는 업체를 상대로 특이사항이 없는 한 초기 입찰 시 제출한 물품 대금합계 기준으로 상업적 평가(Commercial Bid Evaluation : CBE)를 실시해 가격으로 경쟁력이 있는 업체와 계약하는 방식이다.

그러나 N사의 기술영업 전문가는 입찰 초기에 S사의 경쟁입찰방식과 절차를 정확히 파악하지 못해 고객사의 사양서를 따라 견적 시 최적화해 필요항목만 주 견적서에 포함해 처음부터 베스트 프라이스(Best Price)로 제출하지 못해 S사의 최종 공급사 선정단계에서 탈락한 사례이다.

세 번째 탈락 사례는 고압 펌프 제조로 유명한 M사는 고객사인 L사의 스케일 제거 고압 펌프 구매 제한 입찰에 참여했지만, L사에 몇 번의 납품실적과 사후처리 등 업무처리 속도가 빨라 평판이 좋았음에도 입찰방식과 절차는 파악하고 있었으나 입찰 날짜를 잘못 인지해 입찰

참여도 못 해 보고 탈락한 사례이다.

이번 사례는 가장 허무한 경우로 M사 기술영업 전문가의 부주의와 실수로 L사의 스케일 제거 고압 펌프 입찰일을 잘못 인지함과 동시에 입찰일에 해외 출장까지 겹치는 바람에 입찰을 못 한 경우이다. 또 한편으로 아쉬운 점은 모든 고객사에서는 입찰 마지막 날에 최종적으로 입찰참여 요청을 공급사에 보내기 때문에 기술영업 전문가가 어느 정도 준비성과 대비성이 있어 미리 입찰 준비를 해 놓았었다면 동료 누군가라도 입찰할 수 있었던 사례라 여겨져 프로 기술영업 전문가가 되기 위해서는 뭐든 미리 준비하는 습관이 필요하다.

앞에서 사례별로 살펴봤듯이 입찰은 고객사가 필요로 하는 제품이나 서비스를 구매하기 위한 공급사를 선정하기 위한 절차로, 기술영업 전문가는 고객사와의 친밀한 관계를 강화하여 고객사별 입찰방식이 경쟁입찰 또는 공개입찰[15], 제한 입찰[16], 지명경쟁입찰[17], 수의계약[18] 방식인지 파악하고 각각의 입찰방식에 대한 절차를 숙지해야만 성공적인 영업을 수행할 수 있다.

고객사별 입찰방식과 절차를 파악하고 숙지했다면, 입찰의 평가항

---

15) 공개입찰은 일정한 자격을 갖춘 업체라면 누구나 공개적으로 입찰에 참여할 기회를 제공하는 입찰방식이다.

16) 제한 입찰은 입찰을 원하는 업체를 일정한 기준에 따라 제한하여 입찰에 부치는 방식이다.

17) 지명경쟁입찰은 계약의 성질 또는 목적에 비추어 특수한 설비, 기술, 자재 또는 실적이 있는 업체 등을 지명하여 경쟁입찰에 참여시키고, 그 낙찰자와 계약을 체결하는 방법이다.

18) 수의계약은 경쟁입찰을 하지 않고, 구매담당자가 계약의 목적, 성질, 규모 및 지역 특수성 등에 따라 필요하다고 인정되는 경우 특정 업체를 상대로 체결하는 계약을 말한다.

현장실무자를 위한 **영업관리와 기술영업 비법**

목이 납품 일정, 물품 대금합계, 즉 가격, 약관 준수 여부, 원산지 준수 여부 등 상업적인 면과 제품의 품질, 기술적 평가, 공급범위 준수 여부 등 기술적인 면 그리고 기존제품과 호환성 중 어느 평가항목을 가장 중요하게 고려하는지 등을 파악해야 한다. 기술영업 전문가는 이런 사항을 사전에 따져 적절한 전략을 수립해야 한다.

모든 입찰에서 제품이나 서비스의 경쟁력도 중요하지만, 기술영업 전문가가 고객사의 입찰방식과 절차를 정확히 파악해야만 입찰참여를 못 할 확률도 줄이고 다음과 같은 이점을 활용해 영업활동에서 성공할 확률도 높일 수 있다.

입찰에 문제없이 참여할 수 있는 기회를 높일 수 있다.

고객사의 입찰방식과 절차를 정확히 파악하고 있으면 입찰에 필요한 자격조건이나 제출서류 등을 미리 준비하고 충족하는지 여부를 확인할 수 있어 입찰에 참여하는 소요시간을 단축하면서 기회를 높일 수 있다.

입찰에서 경쟁력을 높일 수 있다.

판매를 위한 제품이나 서비스의 경쟁력도 중요하지만, 고객사의 입찰방법과 절차를 파악하면 입찰의 중요 평가항목이나 심사기준 등을 미리 파악하여 입찰에 성공할 수 있는 전략을 수립, 경쟁력을 높일 수 있다.

수주확률을 높일 수 있다.

고객사의 입찰방법과 절차를 파악하면, 복잡한 입찰 계약에서 필요한 서류를 정확하게 준비할 수 있으므로 수주할 가능성을 높일 수 있다.

그렇기 때문에 기술영업 전문가는 고객사 입찰시스템을 활용하거나 고객사 담당자와 친밀한 관계 형성을 통해 확인하거나 고객사의 홈페이지와 입찰안내서 등을 참고해 입찰방식과 절차를 정확히 파악하기 위해 지속적으로 노력을 기울여야 한다. 상황에 따라 고객사의 입찰방식과 절차가 수시로 변경될 수 있으니 최신 입찰 정보를 파악하는 것이 필요하다.

3. 입찰 건마다 차별화 전략을 마련하자

입찰 건마다 차별화 전략을 마련하기란 쉽지 않은 일이지만 필자가 현업에서 가장 많이 활용하던 방법이기도 하다. 기술영업의 차별화 전략에서 가장 중요한 요소는 기술적으로 많이 알아야 할 뿐만 아니라 정보 수집과 분석력도 중요하다고 할 수 있다. 이를 위해서는 우선 고객의 요구 및 중요 평가항목 파악, 고객의 입찰방식과 절차 파악, 경쟁사 정보 및 제품의 장단점을 파악해 분석하는 한편, 이를 바탕으로 경쟁사의 단점과 문제점을 하이라이트시키면서 자사 제품의 장점을 부각시켜 고객의 요구와 중요 평가항목에 맞게 기술 및 서비스에 대한 비교자료 등을 준비해 고객을 설득, 경쟁우위를 차지하는 전략이다.

그렇기 때문에 기술영업 전문가가 고객사의 입찰방식과 절차를 정확히 파악하고 준비하면 입찰에 참여하지 못할 확률도 줄이고 제품이나 서비스의 경쟁력 못지않게 입찰에서도 경쟁력을 높여 수주확률을 높일 수 있다.

따라서 기술영업 전문가는 각각 입찰의 중요 평가항목이나 심사기준 등을 미리 파악해 경쟁사와 차별화 전략을 수립하여 해당 입찰에서 수주할 수 있도록 해야 한다.

고객사별 입찰방법과 절차를 파악하고 숙지했다면, 입찰의 평가항목이 가격, 품질, 기술, 납기, 기존제품과 호환성 중 어느 평가항목을 가장 중요하게 고려하는지를 파악해야 입찰에 성공할 전략을 수립할 수 있다.

기술영업 전문가는 입찰 건마다 입찰방식과 절차를 파악하고 입찰의 평가항목을 파악해 다음과 같이 차별화 전략을 수립하면 수주확률을 높일 수 있을 것이다.

고객의 요구 사항을 파악한다.

고객의 요구 사항과 니즈를 정확히 파악하고 이를 충족할 수 있는 최적의 제품이나 서비스를 선택해야 한다.

입찰방식과 절차를 파악하고 평가항목을 확인한다.

입찰의 평가항목이 가격, 품질, 기술, 납기, 기존제품과 호환성 중 어느 평가항목을 가장 중요하게 고려하는지를 파악하여 차별화 전략을 수립해야 한다.

경쟁사 전략을 분석한다.

경쟁사의 전략을 꼼꼼히 분석하여 경쟁사의 예상 가격, 품질, 기술, 예상 납기, 납품실적 등을 분석하여 경쟁사와 차별화 전략을 수립해야 한다.

평가항목별 경쟁사와 차별화 전략을 수립하자.

경쟁사의 가격과 납기를 예상해 보고 수주해야 할 입찰 건이라면 경쟁사 예상 가격과 납기에 맞춰 경쟁력 있는 가격과 납기를 도출해 내야 한다. 그러기 위해서는 자사 구매팀 그리고 공장 생산팀에 경쟁사 예상금액과 납기를 공유하고 협업을 통해 경쟁력 있는 금액과 납기를 이끌어내야 한다.

경쟁사의 품질과 기술 그리고 납품실적은 자사 기술팀 그리고 A/S팀과 협업을 통해 성공사례와 실패사례를 찾아보고 축적된 자료를 함께 활용해 경쟁사와 품질 및 기술 비교자료를 작성하거나 다른 고객사에서 사용 중 문제가 발생한 경쟁사 사례를 작성해 고객사에 공유하는 것도 경쟁력 있는 차별화 방법이니 참고하기 바란다.

기술영업 전문가의 역량을 지속적으로 강화하자.

기술영업 전문가의 역량을 지속적으로 강화하여 차별화된 전략을 수립해야 한다. 그러기 위해서는 판매하는 제품과 서비스에 대한 기술 전문성, 시장 상황 파악 및 이해 능력, 커뮤니케이션 능력을 높여 고객의 요구를 더 잘 파악하고 고객의 니즈를 간파하여 커뮤니케이션 능력을 바탕으로 적합한 제품이나 서비스를 넘어 고객의 문제를 해결할 수 있는 솔루션을 제공하는 것이다.

기술영업 전문가는 입찰 건마다 고객사의 요구 사항을 정확히 파악하고, 경쟁사의 전략을 분석하고, 기술영업 역량을 강화하여 경쟁사와의 금액과 기술을 차별화해야만 수주확률을 높일 수 있다.

◆ 목표 달성을 위한 자세

　기술영업 전문가는 고객 중심적인 사고를 하고 할 수 있다는 자신감을 갖자. 기술영업 전문가가 자신감을 갖기 위해서는 자기최면을 거는 것도 방법이지만, 자신이 판매하는 제품과 서비스에 대한 전문 지식을 바탕으로 한 자신감과 영업능력에 대한 자신감이 더 중요하므로 두 가지 모두 가지고 있어야 한다. 기술적인 전문성을 가지고 자기 확신이 강한 기술영업 전문가일수록 어려움에 굴하지 않고 목표를 달성하기 위해 노력할 수 있으므로 기술적인 역량과 영업능력을 지속적으로 향상시켜 더욱 자신감을 키울 필요가 있다.

　기술영업 전문가는 목표 달성을 위한 슬로건을 활용하자. 기술영업 전문가의 목표 달성을 위한 핵심내용을 슬로건으로 작성해 누구나 볼 수 있는 위치에 붙여놓고 기술영업 전문가들에게 목표를 공유하게 하면 목표를 상기시키고, 이를 달성하기 위해 노력하도록 동기를 부여하는 동시에 성과를 확인하는 데 도움을 주는 한편, 팀원들이 같은 목표를 향해 노력함으로써 서로 협력하면서 팀워크를 강화할 수 있는 장점이 있다.

　기술영업 전문가는 정보수집과 시장조사에 집중하자. 기술영업 전문가는 경쟁사 정보수집과 고객사 비즈니스 동향 및 관련된 시장조사에 집중해야 한다. 경쟁사 정보는 고객과 네트워크를 활용해 주기적으로 파악하고, 경쟁사의 홈페이지나 경쟁사와 관련된 행사, 콘퍼런스 등에 참석해 경쟁사 제품과 서비스 라인업, 영업전략, 고객 및 시장, 제품과 서비스에 대한 장단점을 파악해 경쟁우위를 확보할 수 있다.

기술영업 전문가 자신의 장점을 파악하자. 기술영업 전문가는 SWOT[Strengths(강점), Weaknesses(약점), Opportunities(기회), Threats(위협)] 분석 도구를 활용해 자신의 장단점을 파악해 장점은 더욱 향상시키고, 단점은 보완해 장점으로 발전시켜 장점의 숫자가 늘어날수록 자신감이 생겨 영업실적을 향상시키고 고객에게 더 나은 서비스를 제공할 수 있을 것이다.

기술영업 전문가는 배우이다. 기술영업 전문가는 고객과 함께 있을 경우 상황에 따라 배우와 같이 다양한 역할을 소화하고 감당할 능력이 필요한데, 고객을 상대로 회사를 대표하는 역할부터 말단 직원 역할 등 다양한 역할을 감당할 수 있어야 고객과의 관계 형성을 발전시키고 지속할 확률이 높아질 수 있다.

기술영업 전문가는 일정한 업무시간과 규칙을 만들어야 한다. 기술영업 전문가는 고객의 요구를 파악해 적합한 제품과 서비스에 대한 제안서 및 영업자료 작성, 고객과의 미팅, 제품이나 서비스에 대한 기술 습득 및 연구, 회사 내부에서 요구하는 업무 등을 수행해야 한다. 이러한 다양한 업무를 효과적으로 수행하기 위해서는 일정한 업무시간과 규칙을 만드는 것이 중요하다. 일정한 업무시간과 규칙을 만들면 업무에 집중할 수 있는 시간을 확보하고 업무를 체계적으로 관리할 수 있어 업무 효율성을 높일 수 있다.

목표 달성을 위해 건강관리를 하자. 기술영업 전문가는 고객의 요구를 파악하고, 그에 적합한 제품이나 서비스를 제안하기 위해서 꼼꼼한 분석과 설득력 있는 커뮤니케이션 능력이 필요하다. 이를 위해서 기술영업 전문가는 건강관리를 위해 신체·정신적 건강을 유지하는 것이 필요하다.

기술영업 전문가는 일할 때와 쉴 때를 구분해야 한다. 기술영업 전문가뿐만 아니라 일반 직장인들도 일과 삶의 균형을 유지하는 것이 중요하다. 일과 삶의 균형이 잘 맞지 않으면 업무에 집중하기가 어렵고 스트레스를 받기 쉽다. 또한 건강에도 좋지 않은 영향을 미칠 수 있어 주의가 필요하다. 일 잘하고 실적이 좋은 기술영업 전문가일수록 스스로 '일할 때'와 '쉴 때'를 잘 알고 '쉴 때'와 '일할 때'를 확실히 정해 놓고 업무를 본다.

기술영업 전문가는 배움을 게을리하지 말아야 한다. 기술영업 전문가는 제품이나 서비스의 기술적인 부분을 잘 이해하고, 고객의 요구를 잘 파악하여 적절하고 적합한 솔루션을 제공하는 것이 중요하다. 그러기 위해서 기술영업 전문가는 기술과 영업의 두 가지 분야에 대한 전문성을 갖춰야만 고객을 설득하고 계약을 성사시키기가 수월해진다. 만약 기술영업 전문가가 기술에 대한 지식이 부족하거나 자사 제품 및 서비스에 대한 이해가 부족하다면 고객의 요구를 이해하고 제품과 서비스에 대한 적합한 솔루션을 제안하는 데 한계가 있다. 따라서 기술영업 전문가는 자신의 기술적인 전문성과 제품에 대한 이해도가 부족함을 신속히 인지하고, 해당 기술적인 부분과 제품에 대해 꾸준히 배우고 노력하고 지속적으로 전문성을 발전시킨다면 성공적인 기술영업 전문가가 될 수 있을 것이다.

◆ 고객사별 입찰방식과 절차를 파악하고 차별화하자

기술영업 전문가는 고객사의 입찰방식과 절차를 정확히 파악해야 발주 성공률을 높일 수 있다. 그러므로 기술영업 전문가는 고객사 입찰시스템을 활용하거나 고객사 담당자와 친밀한 관계 형성을 통해 확인하거나 고객사의 홈페이지와 입찰안내서 등을 참고해 입찰방식과 절차를 정확히 파악하기 위해 지속적으로 노력을 기울여야 한다. 상황에 따라 고객사의 입찰방식과 절차가 수시로 변경될 수 있으니 최신 입찰 정보를 파악하는 것이 필요하다.

기술영업의 차별화 전략에서 가장 중요한 요소는 기술적으로 많이 알아야 할 뿐만 아니라 정보수집과 분석력도 중요하다고 할 수 있다. 이를 위해서는 우선 고객의 요구 및 중요 평가 항목 파악, 고객의 입찰방식과 절차 파악, 경쟁사 정보 및 제품의 장단점을 파악해 분석하는 한편, 이를 바탕으로 경쟁사의 단점과 문제점을 하이라이트시키면서 자사 제품의 장점을 부각시켜 고객의 요구와 중요 평가 항목에 맞게 기술 및 서비스에 대한 비교자료 등을 준비해 고객을 설득, 경쟁우위를 차지하는 전략이 필요하다.

6장

목표 달성을 위한
기술영업 비법

6장 목표 달성을 위한 기술영업 비법

1. 고객과 친밀한 관계 형성을 최우선으로 하자

기업과 기술영업 전문가가 고객과의 친밀한 관계 형성을 최우선으로 하는 것은 제품과 서비스를 판매하기 위한 단기적인 목적도 있으나, 궁극적인 목표는 기업의 매출, 수익성, 브랜드 가치를 상승시켜 경쟁력을 높이고 장기적인 성장을 이루기 위한 필수 요소이기 때문이다. 고객과의 관계가 좋을수록 고객은 해당 기업의 제품이나 서비스를 지속적으로 이용하고 추천을 통해 신규 고객을 유치하는 역할을 하게 돼 선순환 구조가 형성된다.

기술영업 전문가가 고객과 친밀한 관계를 형성하는 것은 비즈니스에서 매우 중요하지만 모든 고객과 친밀한 관계를 형성하기란 쉽지 않은 것이 사실이다. 고객과 친밀한 관계를 형성하면 고객의 요구 사항을 더 많이 잘 이해하고 고객과의 신뢰 구축을 통해 고객의 충성도를 높일 수 있으나, 이 가운데 필자의 경험으로는 고객과의 신뢰를 구축하기가 여간 어려운 일이 아니라는 것이다.

그러므로 고객과의 신뢰 구축을 위해서는 자신만의 다양한 방법을 활용해 고객과의 신뢰, 이해, 공감을 바탕으로 라포(Rapport)[15]를 형성해 관계를 지속적으로 만들고 유지해가야 한다.

고객과의 신뢰와 친근감으로 공감대가 형성된 관계인 라포를 형성하기 위해서는 우선 고객을 찾아가 만나서 고객의 말을 경청하고, 고객의 말과 의견을 존중하며, 고객에게 진심을 보여야 한다.

그리고 고객과 지속적인 연결을 위해 공통된 관심사나 경험을 찾아보고 유머와 감사 표현도 미리 준비해 두면 좋다. 특히 유머러스한 표현과 더불어 무엇보다도 고객을 만났을 때는 사소한 것에도 감사하다는 '감사 표현'을 생활화하는 것이 더 좋을 듯하다.

또한 긍정적인 태도는 사람들에게 친절하고 신뢰할 수 있는 사람으로 보이게 하므로 항상 긍정적인 태도를 유지하고, 고객이 어려움이나 문제에 직면했을 때 이를 해결하기 위한 노력이 필요하다.

....

19) 라포(Rapport), 라포르, 래포 또는 라뽀는 프랑스어로 '사람과 사람 사이에 생기는 상호신뢰 관계'를 말하는 심리학 용어이다. 서로 마음이 통한다든지 어떤 일이라도 터놓고 말할 수 있거나 말하는 것이 충분히 감정적 또는 이성적으로 이해하는 상호 관계를 말한다.

그러나 기술영업 전문가 혼자만의 노력으로는 고객과의 친밀한 관계 형성과 신뢰 구축에 한계가 있다. 따라서 기업은 소통과 협업을 바탕으로 한 고객 중심 사고 조직으로의 조직 문화를 바꾸고 지속해서 고객의 요구를 파악해 적합한 고품질의 제품과 서비스를 제공하면서 사후관리까지 꼼꼼하게 살펴야 한다. 그래서 이제는 고객과의 관계 형성보다 더 중요한 '관계유지'에 초점을 맞출 필요가 있다.

고객을 이해하고 소통하라

기술영업 전문가가 고객의 요구와 선호도를 파악하기 위해서는 방문이나 디지털 커뮤니케이션 방법인 SNS(카카오톡, 핸드폰 등) 등 다양한 메신저를 활용해 고객의 목소리에 귀 기울여 고객의 의견을 수렴하고, 소통을 생활화하는 등 적극적인 관계 형성을 통해 고객을 이해하고 발전을 도모해야 한다.

성균관대학교 신정근 교수는 《마흔, 논어를 읽어야 할 시간》에서 '절문근사(切問近思)'를 설명하면서 "'절문근사'가 현대사회에서도 여전히 중요한 태도"라고 강조하고 있다. 정보가 넘쳐나는 시대에서 지식을 습득하고 삶의 지혜를 얻기 위해서는 '절문근사'를 통해 스스로 생각하고 질문하는 자세가 필요하다는 것이다. 다시 말해 기술영업 전문가는 고객의 필요한 요구나 니즈를 파악하기 위해 문의하고 정보를 득할 수 있는, 즉 '묻는 만큼 알게 된다.'는 말이다.

고객과 관계 형성을 하기 위해서는 우선 고객과 소통하고 고객을 이해해야 한다.

기술영업 전문가는 고객을 방문하거나 디지털 커뮤니케이션 등 다양한 방법을 활용해 고객의 목소리에 귀 기울이고 의견을 수렴해 제품과 서비스 그리고 업무에 반영하고 다음과 같이 고객에게 가치를 제공할 수 있어야 한다.

고객에게 가치를 제공해야 한다.

제품이나 서비스의 품질을 높이고 고객이 원하는 혜택을 제공함으로써 고객에게 가치를 제공할 수 있다. 이를 위해서는 고객의 입장에서 생각하고 고객이 만족할 방안을 모색하는 것이다.

고객과 지속적으로 소통하고 방문하라.

고객과의 관계 형성과 함께 유지하기 위해서는 지속적으로 방문하고 소통화는 것이 중요하다. 필자의 경험으로는 '고객이 제발 오지 말라고 할 때까지 찾아가 보자.' 그러면 답을 찾을 수도 있다. 그러나 고객이 원하는 방식으로 소통하고 관계를 강화하는 노력이 우선돼야 한다.

고객과 상담 전 상담 시나리오를 만들어 연습하라.

기술영업 전문가는 고객과 상담을 통해 고객의 요구를 파악하고, 이

현장실무자를 위한 **영업관리**와 **기술영업** 비법

를 충족할 수 있는 제품이나 서비스 또는 솔루션을 제안하여 계약을 체결하는 것이 목적이다. 따라서 고객과 상담을 효과적으로 진행하기 위해서는 상담 시나리오를 만들어 연습하는 것이 무엇보다 중요하다. 상담 시나리오 작성순서와 포함 내용을 보면 우선 '인사 및 소개', '고객의 요구와 문제 파악', '제품이나 서비스 소개 및 장단점 설명', '고객의 예상 질문과 답변 준비 등으로 작성하면 된다.

시나리오는 만나는 고객마다 조금씩 다르게 작성할 필요가 있어 필자의 경험을 공유하니 참조하길 바란다.

기술 관련 고객과 상담 시 준비에는 제품이나 서비스에 대한 기술적인 특징과 장단점을 설명하면서 품질의 우수성을 강조하길 바란다. 그리고 고객사 담당자들의 제품선택 책임으로부터 조금은 자유로울 수 있도록 해당 고객사와 다른 경쟁 고객사에도 자사 제품과 서비스를 납품하여 문제없이 잘 사용하고 있다는 실적을 포함시키고 기술적인 우위를 강조할 수 있는 비교표를 작성해 제시하는 것도 좋은 방법이다.

공장 사용자와의 상담 시 준비에는 우선 고객사 공장 공정을 이해하고 제품이나 서비스에 대한 제품 및 사용 설명을 하면서 납품실적을 기준으로 성공사례를 부각시켜 작성하는 것도 좋은 방법이 될 것이다.

구매담당자와 상담 시 준비에는 제품이나 서비스에 대한 기술적인 면도 중요하지만, 가격과 납기 등을 강조하면서 경쟁력을 부각시켜 작성하길 권한다.

　고객과 상담 시 집중하고 메모하는 습관을 가져라.

　기술영업 전문가가 고객사를 방문하거나 전화로 상담을 할 때 시간 관계상 빠르게 진행될 수 있어 중요한 정보를 놓치지 않도록 메모하고 나중에 확인해야 한다. 그래야만 고객의 요구 사항을 정확히 파악하고 후속 조치를 보다 효과적으로 준비할 수 있다.

고객사의 최종 의사결정권을 가진 핵심 담당자들을 만나자

　기술영업을 하다 보면 상품과 서비스의 품질은 좋으나 고객사의 구매절차를 잘 모르거나, 최종적으로 의사결정을 할 수 있는 핵심 담당자를 잘 모르거나, 내용을 잘못 파악해 고객사로부터 받은 견적요청서[20]에 적힌 담당자만 줄기차게 만나고 연락하는 경우를 종종 보게 된다.

　그도 그럴 것이 노련한 기술영업 전문가가 아니고서는 일반적으로 가능하다면 맘에 맞는 담당자나 편하게 했던 사람만을 상대로 상담이 마무리되었으면 하고 바란다.

....

20) 견적요청서(Request For Quotation)는 기업이나 공공기관에서 특정 제품이나 서비스에 대한 구매 의사를 나타내고, 잠재 공급업체들에게 가격, 납기, 기술 사양서, 즉 '제안서(Proposal)' 제출 제안을 요청하는 문서이다.

그러나 고객사마다 구매절차나 방법이 다를 수 있지만, 고객사의 모든 견적요청서에 따라 구매하는 제품과 서비스는 고객사 쪽에 두 부서 이상에 두 명 이상이 관여하여 각각의 복수 업무를 담당하게 된다. 그러므로 기술영업 전문가는 고객사의 견적요청서마다 업무에 관련된 부서와 담당자들을 우선 정확히 파악하고 우선 최종 의사결정권을 가진 핵심 담당자를 알아내야 한다.

기술영업 전문가의 협상력을 설명하면서 강조했듯이, 고객사의 구매 요구에 따라 일반적으로 구매부와 구매담당자, 기술부와 기술 검토자, 사용부서와 사용자가 포함돼 있으며, 세 부서와 세 담당자 중 핵심 의사결정권을 가지고 있는 사람이 있을 수 있다. 기본적으로 구매부와 구매담당자나 상급자가 핵심 의사결정권자가 될 확률이 높지만, 그렇지 않고 사용부서와 사용자나 상급자가 핵심 의사결정권을 가지는 경우도 많으니 기술영업 전문가는 이를 잘 파악하되 관련된 모든 담당자를 소홀히 해서는 안 된다.

물론 핵심 의사결정권을 가진 핵심 담당자의 지위가 높을 때는 만나기가 어려울 수 있지만, 각각의 담당자들과 만남이 있을 때 대화 중에 정보를 취득하거나 인맥을 활용할 수도 있다. 그러나 제일 좋은 방법은 제안서 및 견적서 제출 후 구매부서와 구매담당자를 통해 구매절차와 구매를 결정하는 핵심 담당자가 누구인지 먼저 확인하는 것을 권한다.

기술영업 전문가는 고객사의 구매업무와 관련된 모든 담당자와 소통하고 친해져야 하지만, 그중에서도 핵심 담당자를 만나고 친해져야 좀 더 성공적인 영업 기회를 창출할 수 있을 뿐 아니라 고객사의 비즈니스 기회를 추가로 파악하고 이를 활용해 영업 기회를 만들 수 있는 것이다.

영업 도구를 활용하자

기술영업 전문가는 SNS(카카오톡, 전화기, 블로그 등) 등 다양한 메신저를 활용하여 고객과의 관계를 구축하고 발전시킬 뿐 아니라 고객으로부터 정보를 수집하여 경쟁우위를 차지할 수 있도록 해야 한다. 이러한 영업 도구들을 잘 활용하면 영업활동을 효율화할 수 있으며 고객으로부터 수주 가능성도 높일 수 있어 적극적으로 권한다.

SNS는 모두가 잘 알고 사용 중인 페이북(facebook), 카카오스토리(kakaostory), 인스타그램(instargram), 트위터(Twiner) 등으로 고객과 친밀한 관계 형성을 하고 신규 고객을 발굴하기 위한 효과적인 대표 영업 도구이다.

기술영업 전문가는 SNS를 통해 고객의 관심사와 정보를 파악하고, 고객과 지속적으로 소통할 수 있다. 또한 SNS를 통해 기술에 대한 정보를 제공하고 고객의 질문에 답변함으로써 고객의 신뢰를 얻을 수 있다.

카카오톡은 핸드폰에 앱만 깔아 놓으면 실시간으로 고객과 빠르고 편리하게 소통할 수 있는 효율적인 영업 도구이다. 기술영업 전문가는 카카오톡을 통해 고객의 문의 사항에 자료와 함께 신속하게 응답하고, 고객의 요구 사항을 파악할 수 있다. 또한 카카오톡을 통해 고객과 관계를 유지하고, 고객에게 기술에 대한 정보나 신규정보를 쉽게 제공함으로써 고객의 만족도를 높일 수 있다. 뿐만 아니라 고객의 의견을 실시간으로 수렴할 수 있어 효율적으로 소통하기에 가장 좋은 방법이다.

전화기는 기술영업 전문가에게 영업을 위해 여전히 없어서는 안 될 중요한 영업 도구이다. 전화기로 실제 고객이나 잠재 고객과 직접 소통하고 협상을 진행할 수 있다. 기술영업 전문가에게 전화기는 고객의 관심사와 요구 사항을 빠르게 파악하고 제품이나 서비스의 장점을 설명하는 데 효과적인 도구이다.

필자의 경우 전화기를 잘 활용하기 위해서 다음과 같이 몇 가지 규칙을 정해 실행하고 있으니 참조하면 좋을 듯하다.

- 고객을 만나 명함을 받으면 바로 전화기에 이름과 직책 등 고객정보를 저장해 놔라.
- 언제, 어디서 만났는지 적어 놔라.
- 나중에 기억하기 위해 사진을 저장하거나 고객의 특징을 적어 놔라.
- 고객과 상담 중 생일 등과 같은 정보나 중요사항은 필히 저장해 놔라.

• 고객으로부터 전화를 받을 땐 전화기에 저장된 이름과 직책 등을 말하면서 친근하게 대화해보자.

블로그는 기술적인 전문성이 높거나 외부로 유출해도 비밀성이 없는 유용한 기술자료가 많은 기술영업 전문가들에게 유용한 영업 도구이다. 기술영업 전문가 자신의 기술에 대한 전문 지식이나 정보를 블로그에 공유하고 실제 고객이나 잠재 고객과 소통할 수 있다. 블로그를 잘 활용하면 고객으로부터 신뢰를 얻어 영업 기회를 확대할 수도 있는가 하면, 추가적으로 신규 고객도 발굴할 수 있는 일석이조의 영업활동 도구이다.

기술영업 전문가는 이러한 SNS(카카오톡, 전화기, 블로그 등) 디지털 커뮤니케이션 영업 도구인 메신저를 효과적으로 잘 활용하여 영업 효율성을 높이고 고객과의 관계를 발전시키고 강화함으로써 영업 성과를 향상시킬 수 있다.

자기에게 맞게 고객관리를 하자

고객관리는 기술영업 전문가의 가장 중요한 업무 중 하나로 고객과의 관계를 강화하고 신뢰를 유지하는 데 꼭 필요한 항목이다. 고객관리는 앞에서 살펴본 영업 도구, 즉 메신저를 활용해 소소한 것들을 관리하는 것도 좋은 방법이다. 예를 들어 고객에게 특별한 날이나 주말,

명절 등 연휴에 맞춰 안부 문자나 카카오톡을 보내는 것도 좋은 방법이며, 친한 고객의 생일날에 맞춰 카카오톡을 활용해 커피 쿠폰과 같은 부담 없는 선물을 보내는 것도 좋다.

고객관리는 기업마다 회사업무에 맞게 고객관리 프로그램이 있을 수도 있으나, 기술영업 전문가의 개인 성향과 스타일에 따라 달라질 수 있다. 그러므로 기술영업 전문가는 자기 자신에게 맞는 고객관리 방법을 찾아서 고객관리 업무를 보다 효과적으로 수행할 필요가 있다.

고객관리를 하기 위해서 기술영업 전문가는 우선 고객을 발굴하고 만남이나 소통을 통해 고객의 정보를 수집해야 한다. 고객의 정보에는 기본적으로 고객의 회사명, 담당자 이름, 직책, 연락처 정보, 관심사, 요구 사항, 주 단위 및 월 단위 방문 날짜와 횟수 그리고 발주한 이력 등이 포함되면 좋다.

이렇게 수집된 고객정보를 가지고 고객관리를 하게 되면 '파레토 법칙'[17]에 따라 주 고객을 확인할 수 있고 영업의 집중도와 관리 포인트에 따라 자원을 분배하기가 쉬우므로 효율적으로 고객관리를 하면서 영업 성과를 향상시킬 수 있다.

....

21) 파레토 법칙(Pareto Principle)은 이탈리아의 경제학자 빌프레도 파레토(Vilfredo Pareto)가 19세기 말 이탈리아의 부의 분포를 연구하면서 발견한 법칙으로, 전체 결과의 80%는 전체 원인의 20%에서 발생한다는 법칙이다.

2. 영업능력을 향상시키자

기술영업 전문가의 영업능력을 높이기 위해서는 우선 기본에 충실하고, 앞에서 이미 설명하고 강조했듯이 판매하는 제품과 서비스에 관한 기술 전문성과 시장 상황 파악 및 이해 능력 강화 그리고 커뮤니케이션 능력을 높여 고객의 요구를 더 잘 파악하고 고객의 니즈를 알아내 커뮤니케이션 능력을 바탕으로 적합한 솔루션을 제공하는 한편, 의사결정 능력도 키워나가야 할 것이다.

그리고 기술영업 전문가는 고객사의 사업을 이해하고 경쟁사 분석과 시장 분석 등을 통해 포괄적으로 시장 상황을 파악해 목표 설정 및 달성을 위한 최적의 영업전략을 수립해야 한다.

자사 제품과 서비스의 특성을 고객사 사양서에 기재하자

기술영업 전문가가 영업능력을 높이기 위해서는 지속적인 노력과 꾸준한 실천이 중요하기에 우선 앞에서 언급한 기술 전문성, 고객사 및 관련 사업에 대한 이해 능력, 고객과 밀접한 관계 형성, 커뮤니케이션 능력, 영업전략 수립 능력 등을 향상시키기 위해 지속해서 노력을 기울여야 한다.

기술영업 전문가의 영업활동 중 고객과의 관계 형성이 잘돼 있는 고객사라면 '공정거래위원회'에서 금지하는 경쟁사 배제 행위를 위반하지 않는 범위 내에서 자사 제품과 서비스에 대한 특성을 고객사에서 작성 중인 견적요청서에 포함시킬 수도 있어 경쟁우위를 차지하게 할 것이다. 예를 들어 A라는 고객사가 펌프 30대를 구매하려 한다고 할 때 B라는 펌프회사 기술영업 전문가가 A라는 고객사 공장 내 사용자인 C라는 담당자와 친밀한 관계 형성이 돼 있다면, C라는 담당자에게 미리 자사 제품인 펌프의 흡입과 토출구 연결 부분 크기를 알려줘 고객사가 다른 경쟁사 펌프를 설치할 때는 어려움이 있도록 고객사 사양서에 펌프의 흡입구와 토출구 연결 부분 크기를 자사 제품 크기로 기재해 놓게 한다면 경쟁력을 확보하게 될 것이다.

아니면 자사 펌프의 특성 중 고객사의 안전운전에 도움이 되지만 경쟁사에 없거나 적용 시 금액이 많이 상승할 만한 기능이 있다면 고객사 사양서에 기재해 경쟁력 우위를 확보하게 돼 수주할 확률이 높아질 것이다.

그러기 위해서는 고객사와의 긴밀한 협력을 통해서만 가능하기에 친밀한 관계 형성이 돼 있는 고객사에만 선별적으로 적용해야 하며, 고객사에서 이미 자사 제품을 사용해본 경험이 있고 제품에 대해 만족하고 있는 경우에 적용하는 것이 좋다. 또한 상호 윈윈(Win Win) 할 수 있도록 고객사가 요구한 사양에 자사 제품과 서비스에 대한 강점과 품질의 우수성 그리고 보증을 강조하고 고객사의 동의를 구해야 한다.

품질에 영향이 없는 고객사 요청사항을 빼 보자

기술영업을 하다 보면 고객사로부터 받은 견적요청서에 따라 제안서를 작성할 때 사양서를 검토해 보면 제품 품질과 관계없으면서 금액만 상승시키는 요구 사항들을 종종 발견하게 된다.

그럴 때마다 가격 측면에서 경쟁우위를 차지하기 위해 고객사의 담당자와 다음과 같은 기준으로 협의를 해 제안서에서 제외시키고 금액을 최적화하여 영업 성공률을 높였던 기억이 있어 공유하니 참조하면 좋을 듯싶다.

- 제품이나 서비스의 성능에 영향을 미치지 않는 요청사항
- 제품이나 서비스의 내구성이나 안전성에 영향을 미치지 않는 요청사항
- 제품이나 서비스의 유지 보수나 사용 편의성에 영향을 미치지 않는 요청사항

예를 들어 제품의 도장 방법이나 색상, 포장 방법이나 마감재, 제출 서류 종류, 테스트 중 불필요한 요청사항, 사용 설명서나 보증서 변경 등은 제품이나 서비스의 기능이나 성능, 내구성, 안전성, 유지 보수, 사용 편의성에 영향을 미치지 않기 때문에 고객사 담당자와 협의 가능하리라 본다.

기술적인 문제나 문의 사항이 있을 때 나를 찾게 만들어라

기술영업을 할 때마다 경험하는 일이지만, 고객사에서 사용 중이거나 사용예정인 제품 그리고 서비스에 대한 문의나 문제가 있을 경우 믿고 신뢰하는 기술영업 전문가를 찾을 수밖에 없는데, 그런 사람이 나 자신이 되게 영업활동을 해야 한다.

그러기 위해서는, 기술영업 전문가는 제품이나 서비스 납품 시 그리고 지속해서 고객을 방문하거나 다양한 메신저를 활용해 고객과 친밀한 관계 형성과 유대관계가 필요하며, 제품과 서비스에 대한 다양한 정보와 기술적인 전문성, 협업을 통한 문제해결 능력, 고객의 문의 및 문제에 대한 신속한 처리 그리고 고객사 입장에 맞는 기간 및 비용을 절감할 수 있는 경쟁력을 갖추고 제품과 솔루션을 공급할 수 있어야 한다.

만약에 고객사에서 경쟁사 제품이나 서비스 사용 중 문제가 발생해 자신에게 문의했을 때 해당 기술영업 전문가가 자사 제품이 아니라고 하면서 기술지원을 회피한다면 고객 쪽에선 최종 제품 수리를 해당 경쟁사를 통해서 할지라도 해당 기술영업 전문가에 대한 신뢰도는 떨어질 것이다.

해당 제품과 서비스가 자사 제품이 아니라 할지라도 본인의 기술 전문성과 협업을 통해 어느 정도의 기술지원을 해준다면 차후 경쟁사 제품과 서비스 교체 시 좋은 인상을 심어 줄 수 있으며, 추가적으로 사용 중인 자사 제품과 서비스에 대한 신뢰도가 높아져 추가 제품이나 부품 구매로 이어질 수 있다.

또한 이런 경우에는 자사 제품이나 서비스에만 국한하지 말고, 추가적으로 자사와 파트너십이 있는 제품이나 공급 가능한 제품도 제안해 판매하는 확장 영업전략을 구사하는 것도 좋은 방법이니 참고하기 바란다.

솔루션 영업을 통해 공급자에서 해결사로 차별화하자

솔루션 영업은 신입사원보다는 어느 정도 업무경력이 있는 노련한 기술영업 전문가가 수행하기에 적합한 영업영역이라 생각한다. 솔루션 영업은 기술영업 전문가가 판매하려는 자사 제품이나 서비스를 비롯해 경쟁사 제품과 서비스에 대한 기술적인 특성 그리고 고객의 요구와 문제를 이해하고, 그 문제를 해결할 수 있는 솔루션을 제시하는 것이다.

솔루션 영업은 제품이나 서비스를 단순히 판매하는 것이 아니라 고객의 비즈니스 프로세스와 공장의 공정 등을 파악해 문제를 해결하기 위한 종합적인 솔루션과 함께 적합한 제품, 서비스를 제공하는 차별화된 영업 방식이다.

솔루션 영업의 초기 단계는 고객의 문제를 해결하기 위해 기술자료를 최대한 활용하고 고객의 상황에 맞게 기술 또는 경쟁사와 비교자료 등을 만들어 자신의 기술에 대한 전문성과 커뮤니케이션 능력을 활용해 설명하는 것이 효과적이다.

그리고 기술영업 전문가가 문제해결을 위해 제안한 기술자료와 솔루션에 대해 고객으로부터 관심과 인정을 받고 있을 경우, 추가적으로 자사 제품의 품질과 기능뿐 아니라 가격, 서비스, 유지 보수 등 다양한 측면에서 경쟁력을 갖추고 있음을 보여줄 경쟁사와 차별화된 솔루션을 제공해야 한다.

솔루션 영업의 초기 단계가 고객의 문제해결을 위한 일반적인 솔루션 또는 차별화된 제품 및 서비스 제공이었다면, 기술영업 전문가의 솔루션 영업 최종 목표는 일반적인 제품이나 서비스를 판매하는 것을 넘어 고객의 문제를 해결하기 위한 다양한 애플리케이션과 솔루션을 고객사 비즈니스 프로세스에 맞추어 개발함으로써 고객의 비즈니스 파트너사로서 자리를 잡아가는 것이고, 이를 통해 경쟁사보다 기술적으로 경쟁우위를 확보할 수 있다.

기술영업 전문가는 기술지원팀과 협업을 통해 고객의 문제를 해결하기 위해 적용하고 개발한 솔루션의 효과를 증명할 수 있는 데이터나 사례를 만들어 다른 고객사에도 적용하는 확대 영업을 통해 매출 증대를 도모해야 한다.

단품보다 패키지 영업으로 경쟁력을 높이자

최근 고객의 요구는 단순한 단품 구매에서 복합적인 패키지 구매로 변화하고 있으며, 단순히 제품이나 서비스를 구매하는 것에서 그치지 않고 구매한 제품이나 서비스가 어떻게 활용될 수 있는지에 대한 종합적인 솔루션과 사후관리를 원하는 경우가 많아지고 있는 것이 사실이다.

또한 고객의 요구는 다양화되고 복잡해짐에도 비용 절감을 내세워 경쟁은 더욱 심화하고 있는 것이 현실이다. 그렇기 때문에 제품과 서비스, 액세서리, 부품 등을 하나로 묶어 패키지 영업을 통해 고객의 요구를 종합적으로 충족시킬 수 있다면, 단품 영업을 할 때보다 전체적으론 비용을 절감하면서도 매출과 수익성 향상에 기여할 수 있으므로 패키지 영업은 일석이조의 영업 방식이 될 것이다.

이렇게 고객의 요구가 다양화되고 복잡해짐에 따라 한 가지 제품이나 서비스를 판매하는 단품 영업에서 메인 제품 및 서비스에 여러 가지 제품 및 서비스를 하나로 묶어 판매하는 '밸류애드 전략'[22]을 활용해 패키지 영업으로 바꾸어 갈 것을 권한다.

우리 생활에서 흔히 볼 수 있는 패키지 영업 예를 들면 옛날에는 통

....

22) 밸류애드(Valve-add)전략은 '가치 창출'을 의미하는 영어 단어로, 기업이 자산이나 제품 등에 변화 또는 커스터마이제이션(Customization)을 해 가치를 높여 수익을 창출하는 전략을 의미한다.

신사에서 휴대전화 한 가지만 판매하던 단품 영업 방식에서 최근에는 휴대전화기, 인터넷, TV, 부가서비스 등을 하나로 묶어 판매하는 패키지 영업으로 바뀌어 가고 있는 것을 경험해 봤을 것이다. 각각의 제품에 책정된 단품 금액은 비싸더라도 하나로 묶어서 판매하는 패키지 금액을 낮춰 고객의 비용을 절감시켜줄 뿐 아니라 고객의 편의성을 높여 요구를 충족시켜주고, 통신사는 수익성을 높이면서 매출 증대에 기여할 수 있는 효과적인 판매 방식으로 평가받고 있다.

그러나 이러한 패키지 영업은 단품 영업과 비교하면 고객의 요구를 충족시키고 차별화를 통해 경쟁력을 확보할 수 있는 가능성이 높으나, 패키지 영업을 성공적으로 수행하기 위해서는 고객의 요구에 대한 이해와 제품이나 서비스를 종합적으로 고려해 패키지 구성 등의 역량이 필요하다.

유지 보수를 통한 부품영업에 집중하자

기술영업 전문가의 지속적인 영업활동을 통해 경쟁력 있는 고품질의 제품이나 서비스를 고객의 요구에 맞춰 판매하고 이를 사용하는 고객이 제품이나 서비스에 만족한다면 고객과의 친밀한 관계 형성에 긍정적으로 역할을 하게 될 것이고, 이러한 친밀한 고객과의 관계 형성은 기술영업 전문가의 경쟁력 중의 하나로 지속적으로 제품이나 서비스를 판매할 수 있어 매출 증대를 가져와 기업의 수익성, 성장성, 지속가능성 등에 이바지하게 될 것이다.

그렇지만 경쟁력을 갖춘 고품질의 제품이나 서비스라 할지라도 경쟁이 심화하고 있는 현실에서는 그리 녹록지 않은 것이 사실이다. 물론 기업이나 기술영업 전문가는 당면한 시장 상황을 돌파하기 위해 고객의 문제를 해결하기 위한 솔루션 영업에 집중하는 한편, 고객 만족과 수익성 향상이란 두 마리 토끼를 잡기 위한 패키지 영업으로 전환해 차별화와 경쟁력을 확보하는 데 노력하고 있으나, 이도 한계가 있는 것이 사실이다.

일반적으로 기업이나 기술영업 전문가의 궁극적인 목표는 고객의 요구에 충족하고 만족할 수 있는 자사 제품이나 서비스를 적정한 가격에 판매해 매출 증대에 기여하는 것이다. 그러나 고객에게 제품이나 서비스만을 판매해 지속적인 매출 증대를 향상시키기엔 어려움과 한계가 있는 것이 현실이다. 따라서 대안으로 면도날전략[23]을 활용한 유지 보수 또는 유지 보수 계약을 통한 부품영업을 강화하는 것을 추천하고 싶다.

기술영업 전문가의 사후관리 역할 중 가장 중요하다고 할 수 있는 유지 보수는 A/S팀원과 기술지원팀원과의 협업이 필요한 업무 영역으로, 관련된 부서와의 협업능력과 고객과의 친밀한 관계 형성을 바

....

23) 면도날전략(Razor Blade Strategy)은 면도기나 잉크젯 프린트 등과 같이 기본 제품을 저렴하게 판매하고 반복적으로 구매해야 하는 소모품에 높은 마진을 붙여 수익을 창출하는 사업 전략이다.

탕으로 문제해결을 위한 문제해결 능력 또한 요구되는 중요한 업무이다.

유지 보수 영업은 고객이 제품이나 서비스를 사용하는 과정에서 발생하는 문제를 우선 신속히 해결하고 관리해 주면서 고객의 만족도를 높이는 활동이다. 이러한 유지 보수 영업은 유지 보수를 통해 제품이나 서비스의 수명을 연장하고, 고객의 만족도를 높여 고객과의 친밀한 관계 형성을 구축해 장기적인 수익을 창출하는 데 중요한 역할을 한다.

의사결정 능력을 키우자

기술영업 전문가의 의사결정 능력은 현업에서 각각의 업무를 수행할 때나 협상을 할 때 가장 중요한 능력이면서 역할로 여겨진다고 볼 수 있다.

올바르고 빠른 의사결정을 하기 위해서는 기본적으로 많은 경험이 축적돼야 한다고 보는 것이 일반적이지만, 충분한 자료를 수집한다면 누구나 의사결정 스트레스에서 어느 정도 자유로울 수 있을 것으로 생각한다. 그러기 위해서는 고객의 사업을 이해 및 분석해 니즈를 정확히 파악하고, 경쟁사 분석 및 정보를 취합해 기술적인 장단점을 파악하고, 시장 분석 및 시장 상황을 파악하고, 팀원들, 특히 선배 기술영업전문가의 의견을 참고하고, 마지막으로 기술·금액적으로 전체적인 평가를 마치면 자신의 긍정적인 직관을 믿고 의사결정을 하면 좋은 결과가 나오리라 믿는다.

일상생활이나 업무를 볼 때 활용했던 필자만의 '의사결정 5단법'이란 방법을 고안해 이 중의 하나라도 적합하지 않으면 고려대상에서 제외하는 간단한 절차로, 모두에게 유용할 듯해 공유하니 활용해 보길 바란다.

추가로 의사결정 5단법 각각의 항목에 체크 표시나 점수화하는 것도 방법이니 참조하면 좋을 듯싶다.

제안 번호	'제안 5단법' 질의 항목 또는 의사 결정이 필요한 제안 목록	'의사결정 5단법' 항목	항목별 영향 (Yes / No)
1	영업용 차량 구입 有/無	(1) 경제성, 즉 돈이 되나?.	No
		(2) 남에게 도움이 되나?	Yes
		(3) 남에게 또는 자연에 해가 없나?	Yes
		(4) 실현성, 즉 지속 가능한가?	Yes
		(5) 업무 또는 투자 강도를 견딜 수 있나?	Yes
의사결정 결과	'제안 1번'의 경우 경제성 검토에서 차량구입보다는 렌트나 리스 차량을 활용하는 방법이 더 경제적이며 경비처리까지 가능해 구입보단 리스 차량으로 의사결정을 한 사례이다.		
2	ERP(Enterprise Resource Planning) 시스템에 입력항목이 많고 복잡한 업무 프로세스 교체 有/無	(1) 경제성, 즉 돈이 되나?.	Yes (−)
		(2) 남에게 도움이 되나?	Yes
		(3) 남에게 또는 자연에 해가 없나?	Yes
		(4) 실현성, 즉 지속 가능한가?	Yes (−)
		(5) 업무 또는 투자 강도를 견딜 수 있나?	Yes
의사결정 결과	'제안 2번'의 경우 경제성 검토에서 투자비가 많이 들고 ERP 시스템을 설치 또는 고치는 업무는 경영진이 나서지 않으면 지속 가능한 업무가 아니라서 승인되지 않을 제안이었으나, 지난번 사장과의 대담에서 선제적으로 제안해 경영진과 직원과 어느 정도 이해하고 인정한 제안 건이기도 했지만, 기술영업 전문가부터 기술지원팀원들까지 ERP 시스템에 입력하는 시간을 너무 많이 할애하고 있고 경영진도 현 ERP 시스템으로 받아 보니 결과들이 정확하지 않아 어려움이 있던 사안이라 투자비와 시간이 많이 투입되지만, 경영진이 나서서 추진하기로 약속한 일로 의사결정을 한 사례이다.		

현장실무자를 위한 **영업관리와 기술영업 비법**

3. 기술영업은 혼자보다는 팀워크를 통한 팀 영업으로 한계를 이겨내자

기술영업을 하다 보면 아무리 뛰어난 기술영업 전문가라 할지라도 혼자서 고객의 요구와 문제점을 모두 처리하기란 보통 힘든 일이 아니다. 팀워크(Team Work)의 중요성을 누구보다도 경험을 통해 잘 인지하고 있는 필자 또한 해외 대형 프로젝트에 입찰했을 때 현지 고객사가 내부적으로 두 가지 고민 사항을 가지고 있다는 정보를 취득해 성공적으로 해결하고 수주까지 한 사례를 공유하니 현장에서 한창 영업 중인 기술영업 전문가들에게 도움 내지 참고가 되었으면 하는 바람이다.

현지 고객사의 고민 사항 중 하나는 특정 경쟁사 제품을 사용했다가 문제가 발생해 A/S를 신청했으나 오랫동안 A/S 처리를 받지 못해 불만이 쌓여 사용을 안 하려는 의중과 이런 제품에 문제가 발생했을 때 현지에 A/S 엔지니어를 1주일 내로 파견해 문제해결을 해야 한다는 것이었다.

고객사의 의중에 있는 두 가지 문제를 해결하기 위해 관련 기술팀과 A/S팀에 공유하고, 기술팀에겐 해당 경쟁업체 제품과 경쟁우위 기술 비교자료를 만들어 줄 것과 A/S팀에겐 제품에 문제가 발생했을 때 현지에 A/S 엔지니어를 1주일 내로 파견 가능하다는 확인을 받아내 팀워크와 차별화 전략을 통해 두 가지 요청사항을 모두 만족시켜 수주한 경험이 있다.

그렇기 때문에 기술영업 전문가는 우선 고객의 요구나 문제점을 파악하려는 노력과 고객의 요구나 문제점을 파악할 때마다 혼자서 처리할 수 있는 일과 못 할 일을 구분해 도움이 필요한 업무는 신속히 관련 부서와 협업을 통해 처리한다면 고객의 만족도를 향상시켜 궁극적으로는 조직의 성과를 높이는 데 기여하게 될 것이다.

이러한 팀워크가 필요한 기술영업을 축구로 비유하자면 기술영업 전문가는 최전방 공격수 역할을 한다고 보면 되고, 기술팀과 A/S팀은 미드필드 역할을 하고, 마케팅과 관리팀은 수비수 역할을 하고, 총무와 재무팀 등은 골키퍼 역할을 하고, 부서장을 비롯해 경영진들은 감독 역할을 한다고 생각하면 맞을 듯싶다.

최근에 고객의 요구와 니즈가 다양화되고 복잡해지는 추세라 이제는 더 이상 기술영업은 단순히 제품이나 서비스를 단품으로 판매하는 것이 아니라 고객의 비즈니스 문제를 해결하기 위한 복잡다난한 작업이므로 기술적인 전문지식뿐만 아니라 고객의 비즈니스를 이해하는 능력, 복잡하고 다양한 문제를 해결할 수 있는 솔루션을 찾거나 개발하는 능력 그리고 관련된 팀과 협업하는 능력 등이 필요하다. 이러한 모든 능력을 기술영업 전문가 혼자서 갖추고 처리하기에는 매우 어렵고 한계가 있는 것이 사실이므로 팀워크로 추진하는 것이 중요하다.

기술영업을 팀워크, 즉 협업으로 추진하면, 기술영업 전문가는 마케팅, 기술, 지원 등 관련된 다양한 분야 전문가들의 의견을 수렴해 고객의 다양하고 복잡한 문제나 요구 사항을 보다 정확하게 파악할 수 있다. 이렇게 팀워크를 통해 고객의 요구와 문제를 정확히 파악하고 고객의 비즈니스 문제를 종합적으로 고려해 고객의 비즈니스 문제를 해결할 수 있는 차별화된 솔루션을 제공하거나 개발할 수 있는데 그러기 위해서 기술영업 전문가는 기술팀을 비롯한 각 부서와 긴밀한 관계를 유지하며, 업무 간 조정과 조율이 필수적이다.

'백지장도 맞들면 낫다.'라는 속담이 있듯이 팀 영업은 기술영업 전문가 혼자 하는 영업에 비해 고객의 다양한 요구를 충족시키고, 차별화를 통해 경쟁력을 확보할 수 있다. 이러한 팀워크를 통한 팀워크영업은 제품이나 서비스를 단품으로 판매하는 것보다 고객의 다양한 요구와 문제에 맞춰 하나의 제품이나 서비스에 고객이 요청한 제품들과 액세서리나 부품 등을 하나로 묶는 종합제품 형태의 패키지 또는 문제를 해결할 수 있는 솔루션 영업을 하는 데 효율적이다.

팀원 간 역량을 최대한 발휘하여 성공적인 팀워크영업을 수행하기 위해 팀원 간 몇 가지 명확히 정의하고 수행해야 할 항목이 있어 공유하니 참고하기 바란다.

팀원들 간 역할과 책임을 명확히 정의하고 나눠라.

팀워크영업에서 팀원 간 역할과 책임을 명확히 하는 것은 팀워크영업을 성공적으로 수행하기 위한 필수적인 요소이다. 팀원 간 역할과 책임을 명확히 이해하고 이를 바탕으로 협업한다면 목표한 성과를 달성하고 고객의 만족을 얻을 수 있다. 그러나 역할과 책임이 명확하지 않으면 팀원 간 책임 소재 문제로 협업이 원활하게 이루어지지 않고 팀워크의 역량을 최대한 발휘하기 어렵다.

팀원들 간 효과적인 커뮤니케이션을 강화하자.

팀원들 간의 효과적인 커뮤니케이션을 강화하기 위해서 팀원들은 서로에 대한 이해와 배려심을 가져야 하며, 리더는 팀원들 간 긍정적이면서 개방적인 커뮤니케이션을 장려하고, 이를 위한 환경을 조성하는 노력을 해야 한다.

팀워크를 위한 문화를 조성하자.

팀워크를 위한 문화를 조성하는 것은 팀의 성공에 필수적인 요소이다. 팀워크 문화는 팀원들 간의 신뢰, 존중, 협력을 바탕으로 하는 문화로 소통을 위한 정기적인 미팅이나 팀워크를 위한 행사와 이벤트 등을 활용하는 것도 좋은 방법이다. 이러한 문화가 조성되어 있으면 팀원들은 서로의 역량을 존중하고, 협업을 통해 시너지 효과를 창출할 수 있다.

4. 성공사례와 실패사례에서 배워라

기술영업은 쉼표와 마침표를 잘 찍어야 한다

기술영업을 처음 배울 때 일인데, 필자가 많은 노력과 시간을 들여 좋은 관계를 맺고 있는 고객을 선배 사수와 함께 방문한 적이 있었다. 그날도 여느 때와 같이 고객의 요구에 따라 최적화된 솔루션을 제안해 좋은 평가를 받고 돌아오는 길에 그 선배 사수로부터 들은 말이 아직도 기억에 남는다.

"기술영업은 쉼표와 마침표를 잘 찍어야 한다."

다시 말해 고객과 좋은 관계나 현장 분위기에 심취해 고객의 상황과 입장을 소홀히 하거나 고객을 지속적으로 배려하지 않을 경우 좋은 결과를 얻지 못할 수 있다는 것이다. 그래서 기술영업 전문가들 세계에서는 우스갯소리로 고객으로부터 발주서를 받아 계약이 성사되기까지는 모든 일이 끝난 것이 아니기에 방심하지 말아야 하며, 계약이 성사되더라도 계약 후가 더 중요하므로 발주서를 받은 후에도 방심하지 말고 세심하게 고객을 관리하고, 최적의 제품을 고객의 요구에 맞게 공급하고, 사후관리를 하는 것이 중요하다는 것을 모든 기술영업 전문가들은 마음에 새기며 영업을 해야 할 것이다.

'낮말'은 새가 듣고 '밤말'은 쥐가 듣는다

'낮말은 새가 듣고 밤말은 쥐가 듣는다.'란 이 속담은 현대사회에서 여전히 유효한 속담이라 할 수 있다. 최근에는 인터넷과 SNS 등 다양한 메신저의 발달로 인해 말 한마디가 빠르게 퍼져 나가게 되었기 때문에 말을 할 때나 글을 쓸 때는 더욱 신중해야 하고, 특히 비밀스러운 이야기는 주의가 필요하다.

필자도 카카오톡을 애용할 때 고객사 담당자의 태도를 비방하는 글을 같은 고객사 친한 분에게 보냈다가 곤혹을 치른 경험이 있다. 그렇기 때문에 누구와 이야기할 때 고객의 험담이나 동료, 회사에 대해 험담을 하지 말기를 바란다. 험담이나 불평은 돌고 돌아 당사자 귀에 들어간다는 것을 명심하라. 험담이나 불평이 당사자 귀에 들어가게 되면 지금까지 쌓은 평판과 신뢰는 한순간에 무너질 수 있어서 험담이나 비밀스러운 이야기는 절대로 하지 말기를 바란다.

그렇다고 기술영업 전문가에게 SNS(카카오톡, 전화기, 블로그 등) 등 메신저를 활용하지 말라는 것은 아니다. 영업 도구인 SNS를 활용하면 고객과의 관계를 구축하고 발전시킬 뿐 아니라 고객으로부터 정보를 수집하여 경쟁우위를 차지하고, 영업활동을 효율화할 수 있어 고객으로부터 수주 가능성도 높일 수 있으므로 적극적으로 추천하는 바이다.

선배 영업 전문가에게 배우자

기술영업은 기술과 영업의 두 가지 분야에 대한 전문지식이 필요한 복합적이고 전문적인 업무 분야이다. 기술적인 부분은 전문서적이나 교육기관을 통해 어느 정도 배울 수 있으나, 기술영업은 영업에 대한 기본자세와 자질 그리고 경험을 바탕으로 실무 노하우를 빠르게 습득할 수 있는 선배 기술영업 전문가에게 배우는 것이 가장 효과적이다.

또한 선배 기술영업 전문가와 교류를 통해 기술영업 현장에서의 다양한 경험을 바탕으로 기술영업 프로세스와 기술영업 전략에 대해 쉽게 이해하고 기술영업을 위한 네트워크를 형성하는 데도 큰 도움을 받을 수 있다. 또한 선배 기술영업 전문가로부터 현장에서의 다양한 경험을 공유받을 수 있어 영업에 필요한 고객의 요구를 파악하고, 그 요구를 충족할 수 있는 최적의 제품이나 서비스 그리고 솔루션을 제안하는 데 도움을 받을 수 있다.

실패를 두려워하지 말자

기술영업 전문가는 경쟁력을 가지고 성공적인 영업을 위해 충분한 준비를 하는 것이 중요하다. 그러기 위해서는 기술에 대한 전문지식과 영업능력을 모두 갖추어야 하므로 끊임없이 최신 관련 기술을 공부하고 시장 동향을 파악하는 한편, 경쟁사 전략과 제품에 대해서도 특징과 정보를 수집하고, 고객의 요구를 이해하고, 협상력도 지속해서 향상시켜야 한다.

그러나 이 과정에서 대부분 기술영업 전문가들은 '고객이 날 만나주지 않으면 어떻게 하지?', '내가 설명을 잘 못 하면 어떻게 하지?', '이번 고객에게 제출한 제안서대로 해서 안 되면 어떻게 하지?' 등 부정적으로 생각하고 소극적으로 행동하던가 행동하지 않는 경우가 있다. 하지만 시도해 보기 전부터 부정적인 것을 고민하다 보면 영업 성공률이 현저히 낮아지는 것은 고사하고 아무것도 이루어 낼 수 없을 수도 있다.

기술영업 전문가는 부정적인 요소에 집중하지 말고 우선 행동하고 나서 생각해도 늦지 않으니 실패를 두려워하지 말아야 한다. 기술영업은 고객의 요구를 파악하고, 그 요구를 충족할 수 있는 제품이나 서비스 그리고 문제해결을 위한 솔루션을 제안하는 일이다. 하지만 때로는 고객의 요구를 정확하게 파악하지 못하거나 고객의 요구를 충족할 수 있는 제품 및 서비스 그리고 솔루션을 제안하지 못할 수도 있고 성공 못 하고 실패할 가능성이 크다.

그러나 기술영업 전문가는 실패는 '다시 시작하라.'라는 의미로 받아들이고 실패를 두려워하지 말고 실패로부터 배우는 자세를 가져야 한다. 실패를 통해 고객의 요구를 파악하는 방법, 고객의 요구를 충족시킬 수 있는 제품이나 서비스 그리고 솔루션을 제안하는 방법을 배우는 것이 더 중요하다.

현장실무자를 위한 **영업관리와 기술영업 비법**

성공사례와 실패사례를 정리해 활용하자

기술영업 전문가의 성공사례와 실패사례를 구분하여 정리하면 사례별 성공과 실패의 원인과 요인을 분석해 실수를 피할 수 있으며 경험을 축적해 성공적인 영업활동에 활용할 수 있는 중요한 자료가 될 것이다.

성공사례와 실패사례를 구분하여 정리할 때는 각각 사례의 요약, 분석, 교훈 등을 정리하고, 사례 분석을 위해서는 고객사 비즈니스 업종, 고객의 비즈니스 프로세스, 고객의 요구 사항, 제품이나 서비스 그리고 솔루션에 대해 구체적으로 표기하고, 경쟁사 정보와 전략 및 금액, 성공과 실패 원인을 구체적으로 기재해야 한다. 예를 들면 납기인지, 기술인지, 품질인지, 실적 부족인지, 고객의 요구에 대한 이해 부족인지, 제안서 및 제안한 제품이나 서비스 그리고 솔루션이 부적합했는지, 정보 부족인지, 기술영업 전문가와 고객과의 관계 형성 부족인지 등을 상세히 기록할수록 사례를 정리하는 가치가 더해질 것이다.

이렇게 성공사례와 실패사례를 지속적으로 정리하게 되면 기술영업 전문가는 사례별 성공과 실패의 요인을 파악하고, 실수를 피하며, 경험을 축적할 수 있다. 이를 통해 기술영업 전문가는 성공을 위한 전략을 수립할 수 있고, 실패확률도 줄일 수 있고, 더욱 전문적인 영업을 수행할 수 있다.

또한 기술영업 전문가는 사례별로 학습효과를 통해 추후 고객사의 비즈니스 요구 사항을 정확하게 파악해 이를 충족하는 솔루션을 제공하여 고객의 문제를 해결할 수 있고, 고객사의 담당자들과 친밀한 관계를 유지하여 고객의 신뢰를 얻어 지속적으로 거래를 유지하게 되는 장점이 있으니 성공과 실패 사례별로 정리하는 것을 잊지 말고 하길 권한다.

◆ **고객과 친밀한 관계 형성에 최우선 하자**

    기업과 기술영업 전문가가 고객과의 친밀한 관계 형성을 최우선으로 하는 것은 제품과 서비스를 판매하기 위한 단기적인 목적도 있으나 궁극적인 목표는 기업의 매출, 수익성, 브랜드 가치를 상승시켜 경쟁력을 높이고 장기적인 성장을 이루기 위한 필수 요소이기 때문이다. 고객과의 관계가 좋을수록 고객은 해당 기업의 제품이나 서비스를 지속적으로 이용하고 추천을 통해 신규 고객을 유치하는 역할을 하게 돼 선순환 구조가 형성되게 된다.

    고객과 관계 형성을 위해서는 고객을 이해하고 소통하라. 기술영업

전문가는 고객의 요구와 선호도를 파악하기 위해서 방문이나 디지털 커뮤니케이션 방법인 SNS(카카오톡, 핸드폰 등) 등 다양한 메신저를 활용해 고객의 목소리에 귀 기울여 고객의 의견을 수렴하고 소통하는 자세를 생활화해야 고객을 조금이나마 이해하고 관계 형성과 발전을 도모할 수 있다.

고객사의 최종 의사결정권을 가진 핵심 담당자들을 만나자. 기술영업 전문가는 고객사의 구매업무와 관련된 모든 담당자와 소통하고 친해져야 하지만, 그중에서도 핵심 담당자를 만나고 친해져야 좀 더 성공적인 영업 기회를 창출할 수 있다. 그뿐만 아니라 고객사의 비즈니스 기회를 추가로 파악하고 이를 활용해 영업 기회를 창출할 수 있다.

고객과 관계 형성을 위해 영업 도구를 활용하자. 기술영업 전문가는 SNS(카카오톡, 전화기, 블로그 등) 등 다양한 메신저를 활용하여 고

현장실무자를 위한 **영업관리**와 **기술영업 비법**

객과의 관계를 구축하고 발전시킬 뿐 아니라 고객으로부터 정보를 수집하여 경쟁우위를 차지할 수 있도록 해야 한다. 이러한 영업 도구들을 잘 활용하면 영업활동을 효율화할 수 있으며 고객으로부터 수주 가능성도 높일 수 있다.

고객과 관계 유지를 위해 기술영업 전문가 지신에게 맞는 고객관리를 하자. 고객관리는 기술영업 전문가의 가장 중요한 업무 중 하나로 고객과의 관계를 강화하고 신뢰를 유지하는 데 꼭 필요한 항목이다. 고객관리를 하기 위해서 기술영업 전문가는 우선 고객을 발굴하고 만남이나 소통을 통해 고객의 정보를 수집해야 한다. 고객의 정보에는 기본적으로 고객의 회사명, 담당자 이름, 직책, 연락처 정보, 관심사, 요구사항, 주 단위 및 월 단위 방문 날짜와 횟수 그리고 발주한 이력 등을 포함해야 영업의 집중도와 관리 포인트에 따라 자원을 분배하기가 쉬우며 효율적으로 고객관리를 하면서 영업 성과를 향상시킬 수 있다.

◆ 기술영업 전문가의 영업능력을 향상시키자

기술영업 전문가의 영업능력을 높이기 위해서는 우선 기본에 충실하고, 판매하는 제품과 서비스에 관한 기술 전문성, 시장 상황 파악 및 이해 능력, 커뮤니케이션 능력을 높여 고객의 요구를 더 잘 파악하고 커뮤니케이션 능력을 바탕으로 적합한 솔루션을 제공하는 한편,

의사결정 능력도 키워나가야 할 것이다. 그리고 기술영업 전문가는 고객사의 사업을 이해하고 경쟁사 분석과 시장 분석 등을 통해 포괄적으로 시장 상황을 파악해 목표 설정 및 달성을 위한 최적의 영업전략을 수립해야 한다.

◆ **기술영업은 혼자보다는 팀워크를 통한 팀 영업으로 한계를 이겨내자**

기술영업 전문가가 아무리 뛰어난 전문가라 할지라도 혼자서 고객의 요구와 문제점을 모두 처리하기란 보통 힘든 일이 아니기에 팀워크

현장실무자를 위한 **영업관리와 기술영업** 비법

(Team Work)를 활용해 문제해결과 성공적인 수주 활동을 할 수 있다. 기술영업 전문가는 우선 고객의 요구나 문제점을 파악하려는 노력과 고객의 요구나 문제점을 파악할 때마다 혼자서 처리할 수 있는 일과 못 할 일을 구분하여 도움이 필요한 업무는 신속히 관련 부서와 협업을 통해 신속히 처리한다면 고객의 만족도를 향상시키고 궁극적으로는 조직의 성과를 높이는 데 기여하게 될 것이다.

◆ 성공사례와 실패사례에서 배워라

성공사례와 실패사례를 구분하여 정리할 때는 각각 사례의 요약, 분석, 교훈 등을 정리하고, 사례 분석을 위해서는 고객사 비즈니스 업종, 고객의 비즈니스 프로세스, 고객의 요구사항, 제품이나 서비스 그리고 솔루션에 대해 구체적으로 표기하고, 경쟁사 정보와 전략 및 금액, 성공과 실패 원인을 구체적으로 기재해야 한다. 예를 들면 납기인지, 기술인지, 품질인지, 실적 부족인지, 고객의 요구에 대한 이해 부족인지, 제안서 및 제안한 제품이나 서비스 그리고 솔루션이 부적합했는지. 정보 부족인지, 기술영업 전문가의 고객과의 관계 형성 부족인지 등을 상세히 기록할수록 사례를 정리하는 가치가 더해질 것이다. 이렇게 성공사례와 실패사례를 지속적으로 정리하게 되면 기술영업 전문가는 사례별 성공과 실패의 요인을 파악하고, 실수를 피하며, 경험을 축적할 수 있다. 이를 통해 기술영업 전문가는 성공을 위한 전략을 수립할 수 있고, 실패확률도 줄일 수 있고, 더욱 전문적인 영업을 수행할 수 있다.

7장

기술영업의 미래

7장 기술영업의 미래

AI 시대에도 각광받을 기술영업 전문가

'기술영업의 미래'란 챕터를 마지막에 배치한 이유는 지금까지 이 기술영업에 관한 책을 쓰면서 가장 고민하고 강조하려 한 것이 '기술영업 전문가의 자세 및 역할과 기술영업 전문가의 미래'라 할 수 있었기 때문이다. 그리고 앞으론 기술영업사원을 '기술영업 전문가'로 칭하는 것을 제안하고 싶다.

서두에서 설명한 바와 같이, 기술영업의 주요역할은 회사에서 판매 및 공급하는 제품이나 서비스를 특별한 기술지식과 노하우 등 전문지식을 갖춘 기술영업 전문가가 조직을 통해 필요로 하는 고객사에 기술지원을 하고, 제품과 서비스 그리고 솔루션을 판매하고 사후관리 및 거래처, 즉 고객사를 관리하는 것을 의미한다.

또한 기술영업은 다른 직업군에서 경험하지 못하는 기술적인 지식에서부터 생산에서 납품 그리고 사후관리까지 회사의 전반적인 업무 프로세스를 잘 알 수 있는 직업이다. 그러다 보니 다양한 사람들을 만나게 돼 대인관계를 넓힐 수 있는데 이는 곧 경험을 바탕으로 기업가 정신을 발휘해 자기사업을 시작하는 사람들에게 큰 도움이 될 수 있는 직업 중의 하나이기도 하다.

최근 시장흐름을 보면 고객의 요구는 다양화돼 기술은 계속해서 발전하고 혁신을 거듭해 새로운 제품과 서비스에 대한 솔루션을 지속적으로 만들어 내고, IT 기술 등의 발달로 인해 고객 스스로가 필요한 정보를 쉽게 취득할 수 있는 시대에 살아가고 있다. 그러나 발전된 기술과 복잡한 제품의 탄생 그리고 정보의 홍수 속에 고객은 반대로 의사결정을 주저하는 경우가 생겨 의사결정을 도와줄 수 있는 기술영업 전문가가 필요한 반면, 기업에서는 유능하고 실적을 내는 기술영업 전문가를 확보해야 하므로 기술영업 전문가에 대한 수요 또한 계속 증가할 수밖에 없을 것이다. 왜냐하면 기술영업은 고객에게 기술과 상품들을 매뉴얼대로 설명하고 구입을 유도하는 것보다는 신의를 가지고 고객으로부터 신뢰를 얻어 고객의 의사결정을 도와주는 직업이기 때문이다.

물론 고객에게 기술과 상품들을 매뉴얼대로 설명하는 것은 기술영업 전문가가 아닌 온라인 판매나 AI가 더 효율적이고 더 정확할 수도 있을 것이다.

그러나 아무리 기술이 발전하고 진보해도 전문지식을 바탕으로 고객의 의사결정을 도와줄 수 있는 기술영업이란 업무를 기계화나 IT 기술로 대체하는 데는 무리가 있어 기술영업 전문가는 지속적으로 필요할 것이고, 그래서 기술영업이란 직업의 미래는 밝다고 볼 수 있다.

그렇다면 '기술영업 전문가는 업무 경험이 많아야 할까?' 서두에서 언급했듯이 경험이 있든 없든 크게 중요하지 않다고 본다. 그러나 기술이 지속적으로 성장하고 발전함에 따라 기술과 제품은 점점 더 복잡하고 까다로워져 기술을 익히고, 다양한 변수가 있는 현장에서 고객을 위한 솔루션을 제안하기란 단기간의 경험으로는 좋은 성과를 내기가 어려울 수 있을 것이다.

그렇다고 초보자가 기술영업을 못 하거나 좋은 성과를 못 낸다는 것은 아니다. 왜냐하면 사람마다 가지고 있는 능력과 재능이 다르고 경험이 적다는 것은 단점이 아닌, 다른 한편으론 고객의 마음을 더 잘 이해하고 좀 더 편하게 다가갈 수 있는 장점이 될 수도 있기 때문이다.

기술영업은 업무 경험이 적든 많든 중요하지 않지만 유능하고 실적을 내는 기술영업 전문가가 되기 위해서는 먼저 기술에 대한 이해와 자사 제품에 대해 자세히 학습해 알아 둬야 할 뿐만 아니라 경쟁사 제품에 대해서도 특징과 정보를 수집하는 한편, 시장 동향을 파악하고 고객을 이해하고 협상력도 길러야 한다.

기술영업은 협상의 연속이며 인생의 일부이다

이제 영업과 협상은 누구에게나 필요한 시대로 우리에게 매일 연속해서 당면할 일이기에 인생의 일부라 해도 과하지 않은 표현일 것이다. 그러다 보니 일반영업이나 기술영업은 회사 조직 내에서 누구나가 가져야 할 필수 자질이며, 기업들도 임원진들의 승진 시에 영업과 재정업무를 경험한 분들을 선호하는 추세라 고무적인 현상이라 여겨진다.

이러한 시대적인 흐름에 발맞춰《현장실무자를 위한 영업관리와 기술영업 비법》을 쓰게 된 계기는 시중에 출간된 몇 안 되는 일반영업 관련 책은 있어도 기술영업 관련 책은 전혀 없는 상태라 필자가 30년 동안 현업에 종사한 경험과 내용을 토대로 누구나 기술영업에 대해 쉽게 이해하고 활용할 수 있게 하려고 강한 사명감을 가지고 집필하게 되었다.

이 책에 쓰여 있는 내용을 언뜻 보신 분들이나 통독하신 분들이 공통으로 느낀 점은 무슨 특별한 기술영업 비법이 있는 것이 아니라 너무나 기본적이면서 당연한 내용이 반복적으로 수록돼 있다고 생각할지도 모른다.

그러나 일반영업이든 기술영업이든 모든 일은 열정을 가지고 기본에 충실하면서 노력하는 것만이 최고의 비법임을 인지해 주길 바라며, 좀 더 상세하고 실전적인 기술영업은 이 책 다음에 출간 예정인 속편 《기술영업의 야화》(가제)에서 상세히 다룰 예정이니 양해해 줬으면 한다.

앞에서도 몇 번 서술하였듯이 기술영업에서는 기본이 매우 중요하다. 하지만 누구나 기본에 충실해야 한다는 것은 알지만, 현장에서 일하다 보면 바쁘고 시간에 쫓기게 돼 기본과 원칙을 간과하는 경우가 많다.

이런 분들을 위해 기술영업 활동에서 빠져서는 안 되는 필수적인 요소인 기본 소양과 자세 및 역할 그리고 목표 설정과 달성을 위한 절차와 방법 등을 쉽게 설명하듯 썼기에 기술영업 경험이 적든 많든 상관없이, 처음엔 가볍게 읽어 보길 권한다.

그리고 영업은 깊이 있는 분야라 짧은 기간에 마스터하기가 쉽지 않기 때문에 기술 영업력을 마스터할 때까지 이 책 전체 또는 필요한 부분을 몇 번이고 반복해서 읽어 보길 바란다. 전부 기술영업능력을 마스터했다 하더라도 몇 번이고 반복해서 읽는 순간 '이런 기본적인 영업 준비 및 활동 그리고 중요한 사실을 잊고 있었구나.'라고 깨닫고 다시금 기본에 충실하게 될 것이다.

이 책을 끝까지 읽어 주신 분들께 진심으로 감사를 전한다.

마지막으로 기술 영업력은 기본에 충실했는지와 실천, 즉 절실함과 진실되고 열정적인 영업활동에서 차이가 발생한다.《현장실무자를 위한 영업관리와 기술영업 비법》이 이 책을 읽는 직업선택의 갈림길에 서 있는 취업준비생, 영업에 관심이 있고 영업을 이제 막 시작한 영업사원 그리고 현장에서 필자와 같은 고민과 슬럼프를 경험하고 있는 현직 기술영업 전문가들 그리고 경영자 모두에게 실질적인 도움이 되길 바란다.